Gaëlle Bodelet

Un ouvrage dirigé par Gilles Guilleron

L'Essentiel de la grammaire pour les Nuls
« Pour les Nuls » est une marque déposée de Wiley Publishing, Inc.
« For Dummies » est une marque déposée de Wiley Publishing, Inc.

© Éditions First, un département d'Édi8, 2014. Publié en accord avec Wiley Publishing, Inc.

12 avenue d'Italie
75013 Paris – France
Tél. : 01 45 16 09 00
Fax : 01 45 16 09 01
www.editionsfirst.fr
www.pourlesnuls.fr

ISBN : 978-2-7540-6558-0
Dépôt légal : septembre 2014
Imprimé en Italie

Direction éditoriale : Marie-Anne Jost-Kotik
Édition : Laure-Hélène Accaoui
Mise en page et couverture : Catherine Kédémos
Correction : Carine Eckert
Production : Emmanuelle Clément

Le Code de la propriété intellectuelle interdit les copies ou reproductions destinées à une utilisation collective. Toute représentation ou reproduction intégrale ou partielle faite par quelque procédé que ce soit, sans le consentement de l'Auteur ou de ses ayants cause est illicite et constitue une contrefaçon sanctionnée par les articles L335-2 et suivants du Code de la propriété intellectuelle.

Sommaire

Introduction **3**
    À propos de ce livre 4
    Comment ce livre est organisé 4
        Première partie : Nature 5
        Deuxième partie : Fonction 5
        Troisième partie : Conjugaison 5
        Quatrième partie : Ponctuation 5
    Comment utiliser ce livre 6
    Les icônes utilisées dans ce livre 6

Première partie : La nature **7**

Chapitre 1 : L'adjectif qualificatif **9**
    Nature(s) de l'adjectif 10
        L'accord en genre 10
        L'accord en nombre 11
        Le degré 12
    Les fonctions de l'adjectif 14
        L'épithète 14
        L'attribut 15

Chapitre 2 : Les noms **19**
    Nature(s) du nom 19
        De drôles de genres 20
        Quand il fait nombre… 20
        Les noms composés 21
        Les aides de camp 22
        Le pronom : un intérimaire 22
    Fonctions du nom 23
        Sujet 24
        Apposition 24
        Complément du nom 24
        COD (Complément d'objet direct) 25
        COI (Complément d'objet indirect) 25
        COS (Complément d'objet second) 26

       Attribut 26
       Complément d'agent 27
       CC (Complément circonstanciel) 27

Chapitre 3 : L'adjectif non qualificatif et l'article 29

   Deux natures différentes 29
       Les adjectifs non qualificatifs 29
       Les articles 30
   Place dans la phrase 31
   Fonction 32

Chapitre 4 : Les mots invariables 33

   Les prépositions 33
       Leur usage 34
       La locution prépositive 34
       Préposition ou adverbe ? 35
   Les adverbes 35
       Trois formes d'adverbes 35
       Quelques adverbes 36
       Adverbe ou adjectif ? 36
       Rôle 37
   Les conjonctions 37
       Les conjonctions de coordination 38
       Les conjonctions de subordination 38
       Rôle 39
   La fonction 40
   Les interjections 40

Chapitre 5 : Les subordonnées 43

   Les subordonnées relatives 44
   Les subordonnées conjonctives 44
   Les subordonnées interrogatives indirectes 45
   Les subordonnées infinitives et participiales 46

Deuxième partie : La fonction *47*

Chapitre 6 : Le sujet 49

   Le sujet 49
       Natures possibles 49
       Place 50

Sommaire

Chapitre 7 : Le complément d'objet 51
- Le COD 51
- Le COI 52
- Le COS 53

Chapitre 8 : Les autres compléments du verbe 55
- Le complément circonstanciel 55
- Le complément d'agent 56

Chapitre 9 : L'attribut et l'épithète 59
- L'attribut 59
- L'épithète 60

Chapitre 10 : Les compléments du nom et de l'adjectif 63
- L'apposition 63
- Le complément du nom 64
- Le complément de l'adjectif 65

Troisième partie : La conjugaison 67

Chapitre 11 : Définir les « groupes » 69
- Trois groupes 69
  - 1er groupe : –er 70
  - 2e groupe : –ir (–issant) 70
  - 3e groupe : –ir, –oir, –oire, –aire… 70
- Le cas des auxiliaires 70
- Les verbes dits « défectifs » 71

Chapitre 12 : Comprendre les « voix » 73
- La voix active 73
- La voix passive 74
- La voix pronominale 76
  - Quatre types de verbes pronominaux 76
  - Une conjugaison particulière 77
  - Un accord délicat 78

Chapitre 13 : Identifier les « modes » 81
- L'Indicatif 81
- Le Conditionnel 82
- Le Subjonctif 82

L'Impératif 83
L'Infinitif 83
Le Participe 84
    Participe présent ou adjectif verbal ? 84
    Participe présent et Gérondif 85
    La règle de l'accord du Participe passé 86

Chapitre 14 : Utiliser les « temps » 89

Les temps de l'Indicatif 89
    Les temps simples de l'Indicatif 89
    Les temps composés de l'Indicatif 92
Les temps du Conditionnel 94
    Le temps simple du Conditionnel 94
    Les temps composés du Conditionnel 95
Les temps du Subjonctif 96
    Les temps simples du Subjonctif 96
    Les temps composés du Subjonctif 98
Les temps de l'Impératif 100
    Le temps simple de l'Impératif 100
    Le temps composé de l'Impératif 100
Les temps de l'Infinitif 101
    Le temps simple 101
    Le temps composé 101
Les temps du Participe 102
    Le temps simple 102
    Le temps composé 102

Chapitre 15 : Quelques cas particuliers… 105

Les verbes en –aître ou –oître 105
Les accents sur é et è 106
Les verbes en – yer 106
    –eyer 106
    –ayer 107
    –oyer, –uyer 107
Les verbes en –dre 108
Les verbes en –eler et –eter 108
    –eler 108
    –eter 108
Les verbes défectifs 109
Les formes communes… ou presque 109
Courir ou mourir… (il faut choisir) 109

Chapitre 16 : Principales conjugaisons ... 111

ÊTRE et AVOIR ... 111
   ÊTRE ... 111
   AVOIR ... 112
1er groupe : AIMER ... 114
2e groupe : FINIR ... 115
3e groupe : ALLER, DIRE, FAIRE, POUVOIR, PRENDRE,
SAVOIR, VOIR, VOULOIR ... 116
   ALLER ... 116
   DIRE ... 118
   FAIRE ... 119
   POUVOIR ... 120
   PRENDRE ... 121
   SAVOIR ... 122
   VOIR ... 123
   VOULOIR ... 124
LE PASSIF ... 126

Chapitre 17 : La concordance des temps ... 129

La simultanéité ... 130
   Verbe principal au présent ... 130
   Verbe principal au futur ... 130
   Verbe principal au passé ... 130
L'antériorité ... 130
   Verbe principal au présent ... 130
   Verbe principal au futur ... 131
   Verbe principal au passé ... 131
La postériorité ... 131
   Verbe principal au présent ... 131
   Verbe principal au futur ... 131
   Verbe principal au passé ... 131

Chapitre 18 : Quelques verbes à la conjugaison délicate ... 133

ACHETER ... 133
ACQUÉRIR ... 134
APPELER ... 136
ASSEOIR ... 137
CONCLURE ... 139
COUDRE ... 140
COURIR ... 141
CRÉER ... 143
CROIRE ... 144
CUEILLIR ... 145
HAÏR ... 147

JETER 148
LIRE 149
METTRE 150
MOURIR 152
NAÎTRE 153
PEINDRE 154
RÉSOUDRE 156
VAINCRE 157
VENIR 158
VIVRE 159

Quatrième partie : La ponctuation ou le chant du signe... 161

Chapitre 19 : Le chant des signes 163

La virgule , ... 163
 À l'intérieur d'un texte 164
 À l'intérieur d'une phrase 164
Le point-virgule ; 164
Les deux points : 165
 Énumérer 165
 Expliquer 165
 Rapporter 165
Le point 165
Le point d'exclamation ! 166
Le point d'interrogation ? 167
Les points de suspension … 167
 Pour l'énumération 167
 Pour l'implicite 168
 Pour le dialogue 168
Les tirets – … – 168
 Pour segmenter 169
 Pour dialoguer 169
Les parenthèses (…) 169
Les guillemets « … » 169
 La citation 170
 Les paroles rapportées 170

Chapitre 20 : Quelques règles typographiques 171

La virgule 171
Le point-virgule 171
Les deux points 172

    Le point 172
    Le point d'exclamation 172
    Le point d'interrogation 173
    Les points de suspension 173

Bibliographie *175*
    Ouvrages consultés 175
    Ouvrages cités 176

Index *179*

À propos de l'auteur

Gaëlle Bodelet est certifiée de Lettres modernes et titulaire d'un DEA de Lettres spécialité Poésie contemporaine. Professeur de français et latin en collège et lycée, intervenante à l'université, elle est l'auteur de plusieurs publications (essentiellement poétiques) en revues littéraires.

Dédicace...

À mon père, qui m'a donné le goût de l'exactitude grammaticale et le plaisir des subtilités de la langue française.

Merci...

à Jeanne pour sa patience,

à Guy pour son indéfectible soutien,

à Marie et Gilles pour leur confiance et leur disponibilité,

à mes élèves pour leur stimulante créativité !

À propos du directeur de collection

Gilles Guilleron est agrégé de Lettres modernes et auteur de nombreux ouvrages aux éditions First, dont *Écrire pour les Nuls* et *Nos plus belles expressions populaires*. Il dirige la collection « Les Essentiels de la Langue française pour les Nuls », dans laquelle s'inscrit cet ouvrage.

Introduction

« **Je** m'en vais ou je m'en vas, l'un ou l'autre se dit ou se disent », aurait paraît-il prononcé le grammairien Vaugelas (1585-1650) sur son lit de mort. Si l'anecdote est vraie, sans doute n'a-t-il pu s'empêcher un rictus taquin, tant manier la grammaire peut être un plaisir.

Un plaisir ? Oui ! Le plaisir de s'amuser des subtilités du langage. Le jeu de mots, le lapsus plus ou moins révélateur, et jusqu'aux contraintes de la joyeuse bande de l'Oulipo menée par Queneau : tout le monde le pratique à des niveaux différents.

Pourtant, ce plaisir-là, difficile d'en sourire quand il s'agit de lutter avec un accord récalcitrant, un participe plus ou moins passé accordé avec quoi déjà, un adverbe invariable qui est peut-être finalement un adjectif, ou un verbe du troisième groupe – le plus hasardeux...

Vous avez appris des règles en classe cependant, depuis le temps où vous les récitiez à une institutrice ou un maître attentifs à vous faire écrire droit (l'étymologie du mot *orthographe*), en passant par le collège et peut-être le lycée où vous les avez joyeusement mélangées et oubliées, jusqu'au jour où quelqu'un qui comptait pour vous (employeur ou âme sœur) vous a fait remarquer que, peut-être, il y avait une erreur grammaticale juste là, oui : là où vous ne l'aviez pas vue !

Et vous vous êtes dit que tout de même, ce serait bien de revoir quelques règles, comme ça, à tête reposée et pour vous-même. Sans compter que l'attention portée à l'écrit que l'on produit, se porte aussi sur l'écrit que l'on lit : et tout devient plus savoureux, une fois aplanies les difficultés, et devenu aisé l'art de lire et d'écrire. Car oui, lire et écrire c'est tout un art ! Et vous savez quoi ? C'est même l'étymologie du mot « *grammaire* » !

À propos de ce livre

Vous êtes au collège, au lycée, à l'université… et vos copies se maculent des ocelles rouges des professeurs qui entourent vos fautes d'accord et autres erreurs de syntaxe. Vous avez commencé par tenter d'y remédier, et avez pratiqué la rature précorrection : un premier stade très prometteur, celui du doute ! Mais vous avez bien senti que vous n'y arriveriez pas seul, et vous avez ouvert ce livre… Il est pour vous !

Vous travaillez, et tous les jours vous êtes confronté à l'écrit. Et plus ça va, plus vous vous apercevez que les règles de grammaire que vous connaissiez pourtant par cœur s'échappent de votre mémoire qui a dû, depuis, emmagasiner plein d'autres choses. Or, c'est justement maintenant que vous en auriez besoin… Ce livre est pour vous !

Vous aimez écrire, et lire, pourtant vous souhaiteriez rafraîchir un peu vos connaissances, et surtout donner une réponse franche à vos incertitudes sur les accords, les natures, les fonctions… Ce livre est pour vous !

Vous enseignez, et vous cherchez toujours une manière simple de faire comprendre certaines notions aux élèves. Vous avez recours à des grammaires, des manuels, mais une synthèse claire et directe, immédiatement accessible, vous manque parfois… Ce livre est pour vous !

L'Essentiel de la grammaire pour les Nuls reprend en termes simples les points importants dont vous avez besoin pour répondre à vos questions et résoudre vos hésitations. Ce livre s'adresse donc à tous ! Suivez votre nature, assurez votre fonction, et d'un seul accord, conjuguons nos efforts et nos talents !

Comment ce livre est organisé

Il compte quatre grandes parties, elles-mêmes subdivisées selon les besoins.

Première partie : Nature

La nature vous renseigne sur l'identité d'un mot, et surtout sur ses caractéristiques. Une fois identifiée la nature, le champ des fonctions se réduit, ce qui vous permet de trouver plus précisément ce que vous cherchez. En outre, vous pouvez ainsi répondre aux questions que vous vous posez sur les accords.

Deuxième partie : Fonction

La fonction vous informe sur l'utilité du mot dans la phrase, son rôle. Que fait ce mot à cet endroit, et à quoi sert-il ? Trouver la fonction vous permet d'identifier la nature avec plus d'assurance, sinon de certitude ! C'est en quelque sorte une autre façon de répondre à vos questions sur l'identification, l'analyse ou la règle nécessaire.

Troisième partie : Conjugaison

La conjugaison méritait bien une partie à elle seule ! Il y est question des modes et des groupes, et des particularités d'usage et d'orthographe de chaque groupe. Nous y avons ajouté des exemples de verbes courants, et d'autres remarquables par leur singularité. Vous y trouverez quelques modèles de conjugaisons bien utiles.

Quatrième partie : Ponctuation

La ponctuation obéit à des règles elle aussi. C'est le cadre où se déploie la grammaire, comment donc s'en passer ? Non seulement elle aide à la compréhension du message écrit, mais elle peut aussi s'avérer d'une maîtrise indispensable pour tout travail écrit plus ou moins officiel que vous aurez à fournir. Il est donc nécessaire de la maîtriser.

Comment utiliser ce livre

L'Essentiel de la grammaire pour les Nuls est une sorte de manuel de premiers secours grammaticaux. À ce titre, il peut se lire de plusieurs façons. Il possède quatre grandes entrées : chacune est une première division à laquelle vous pouvez recourir en cas de doute. Mais il est aussi possible de le lire avec l'index : non pas en feuilletant les pages avec un doigt (quoique…), mais en allant voir à la fin le mot qui vous intéresse, sagement rangé par ordre alphabétique avec ses voisins qui vous serviront eux aussi un jour ou l'autre, et ainsi de savoir à quelle page précise trouver votre réponse ! Libre choix vous est donc laissé de son usage : par quelque entrée que vous l'abordiez, vous en sortirez toujours avec le trésor d'une réponse utile.

Les icônes utilisées dans ce livre

 Certains cas demandent un surcroît de vigilance, un arrêt salutaire, un moment d'attention.

 Invitation à l'aventure d'un instant de culture sauvage, d'un approfondissement inattendu, d'une remarque instructive et souriante… laissez-vous surprendre !

Première partie
La nature

Les constituants de la phrase

La nature d'un mot, c'est ce qu'il est. En règle générale, cette nature ne change pas, sauf exception (voir encadré). La nature reste donc une valeur sûre : une fois qu'on la connaît, on est prêt pour l'aventure des fonctions ! Il est donc plus qu'utile de la reconnaître : c'est indispensable. C'est votre première mission !

Positiver sérieux

La nature d'un mot peut changer, en effet, et cela se passe souvent à l'oral car le langage est une entité vivante en constante évolution. On a vu notamment, dès les années 1980, fleurir le **verbe** « *positiver* », issu d'un **adjectif** (*positif*) et devenu **verbe** par la grâce d'un message publicitaire répété avec une insistante astuce... On peut aussi citer le cas très actuel de l'**adjectif** « *sérieux* » utilisé en lieu et place de l'**adverbe** « *sérieusement* » (*Vous avez vraiment lu l'œuvre de Proust sans sauter une seule ligne ? Sérieux ?*). Il ne manque plus qu'un auteur reconnu utilise cette expression à l'écrit pour la légitimer, et c'est un tapis rouge déroulé au néologisme pour un aller simple vers les pages du dictionnaire !

Chapitre 1
L'adjectif qualificatif

Dans ce chapitre :
- Démasquez l'adjectif qualificatif
- Sachez l'accorder
- Trouvez sa fonction

*U*n **adjectif**, c'est ce qui s'ajoute au **nom**. Besoin de nuancer, de préciser votre idée, de partager votre pensée avec précision ? C'est un **adjectif** qu'il vous faut : *un bon livre* n'est pas n'importe quel livre, de même *qu'un humour pitoyable* ne vaut pas *un excellent humour*, quant à *ce beau film*, vous le conseillerez sûrement pour *son histoire émouvante*.

Bon, pitoyable, excellent, beau, émouvante sont tous des **adjectifs**. Et c'est grâce à eux que vous partagez vos idées, vos opinions, grâce à eux que vous vous faites comprendre.

Et aussitôt, il vous revient de l'école ce souvenir que l'**adjectif** possède lui aussi un **adjectif** : **qualificatif** ! Cinq syllabes à la fois évidentes et mystérieuses : un **adjectif** qualifie, il dit comment est le **nom** (du latin *qualis* = tel quel), en définit les qualités. Étymologiquement, la qualité est « l'état de ce qui est ainsi » – c'est pourquoi les qualités peuvent aussi être des défauts…

Pourtant, l'**adjectif** n'est pas toujours qualificatif !

Nature (s) de l'adjectif

Il existe deux natures de l'adjectif :

L'adjectif non qualificatif

Il ne qualifie pas le **nom**. Et malgré tout, il est bien utile ! Alors à quoi sert-il ? Il joue le rôle de **déterminant** : sans qualifier le nom, il lui apporte aussi des précisions, mais d'un autre ordre. Ainsi, l'**adjectif non qualificatif** peut-il être **démonstratif** *(ce, cet, cette, ces)*, **exclamatif** *(quel, quelle, quels, quelles)*, **indéfini** *(certain, chaque, nul, quelque…)*, **interrogatif** *(quel, quelle, quels, quelles)*, **numéral** *(un, deux, trois…)*, **possessif** *(mon, ma, mes, ton, ta, tes…)* ou **relatif** *(lequel, duquel, auquel…)*. Nous en développons les potentialités et les usages dans le chapitre qui lui est spécialement consacré.

L'adjectif qualificatif

Il qualifie le **nom**, c'est-à-dire qu'il le précise ; l'**adjectif** forme donc avec le **nom** une sorte de couple. Mais c'est un couple bien inégal, où le **nom** a tous les droits : l'**adjectif** n'a plus qu'à s'accorder avec lui. Nous verrons plus loin que, cependant, il lui arrive d'être un peu rebelle… (en grammaire on appelle cela les exceptions !). C'est à lui qu'est consacrée cette partie.

L'accord en genre

Qu'un nom soit masculin ou féminin, l'**adjectif** le suit. Même s'il le précède… Par exemple, que l'on dise *un exemple intéressant* ou *un intéressant exemple*, peu importe la place de l'**adjectif** : il s'accorde toujours avec le **nom**.

Les « angéliques »

Commençons par le plus simple : les **adjectifs** semblables au masculin et au féminin. Avec eux, pas de problème d'accord en genre ! Leur secret ? Ils se terminent par un –e. Ainsi *incroyable*, tout comme *crédible*, ou *basique, logique, indéfinissable*… sont, en quelque sorte, asexués (comme les anges…), ou plus exactement indifférenciés : *un récit incroyable/une incroyable aventure*. On les appelle **épicènes**.

La règle générale

La plupart du temps, il suffit de rajouter un –e au masculin pour obtenir la forme au féminin : *Un petit garçon/Une petite fille ; Un grand frère/Une grande sœur.*

Les particuliers

Sachez tout de même qu'il existe des cas particuliers. Ainsi, certains **adjectifs** doublent leur consonne finale au féminin : ceux terminés en eil, el, et, ien, on, ul, : *pareil/pareille, cruel/cruelle, muet/muette, ancien/ancienne, bon/bonne, nul/nulle...*

On note dix exceptions pour –et : *(in)complet, concret, (in)discret, désuet, (in)quiet, replet, secret* dont le féminin est en –ète.

D'autres, à l'inverse, ne la doublent que par exception. Ainsi, les **adjectifs** en –ot ont leur féminin en –ote : *bigot/bigote, dévot/dévote...*
Mais on remarque des exceptions : *sot/sotte, vieillot/vieillotte...*

Les **adjectifs** en –f ont leur féminin en –ve : *neuf/neuve, veuf/veuve...*

Ceux en –x ainsi que certains en –r ont leur féminin en –se : *peureux/peureuse, chanceux/chanceuse, coureur/coureuse, rêveur/rêveuse...*

L'accord en nombre

En général, la règle stipule que l'on ajoute un –s à la fin de l'**adjectif** pour marquer le pluriel. Cependant, quelques **adjectifs** ne suivent pas cette règle :

- les **adjectifs** terminés au singulier par –s ou –x ne changent pas au pluriel (*chanceux, doux*) ;
- les **adjectifs** masculins en –al ont le plus souvent un pluriel en –aux (*originaux, normaux*) ;
- les **adjectifs** masculins en –eau prennent un –x au pluriel (*beaux*) ;
- les **adjectifs** de couleur issus de **noms** ne prennent pas toujours un –s (*des yeux marron, des robes orange, des océans turquoise...*).

La place de l'adjectif

La place de l'adjectif est soumise à une règle quelque peu informelle : en général, celui des deux qui a le moins de syllabes du **nom** ou de l'**adjectif** se place en premier : *un beau roman.* Mais parfois cela peut dépendre aussi de l'insistance que l'on veut porter sur l'un ou l'autre : *un récit incroyable/un incroyable récit.* Ainsi la règle de la place est-elle surtout valable pour les **adjectifs** d'une seule syllabe.

Mais l'**adjectif** reste un modèle de souplesse ! Non seulement il lui est possible de changer de sexe et de nombre, mais en plus il peut changer de sens suivant sa place !

Par exemple :
Un homme grand est un homme de grande taille./*Un grand homme* est un homme remarquable, voire célèbre.

Des yeux mauvais donnent une impression de méchanceté./*De mauvais yeux* ne voient pas sans lunettes.

Des mains sales ont besoin d'être lavées./*Une sale affaire* est plus douteuse que malpropre !

Une femme chic s'habille avec un goût souvent coûteux./*Un chic type* a le cœur sur la main.

Un homme seul se promène sans compagnie./*Un seul homme* peut se démarquer au milieu d'une foule.

Ironie du sort, dans le groupe de mots « *adjectif qualificatif* », *qualificatif* est un **adjectif**, mais *adjectif* est un **nom** ! On peut donc dire que « *qualificatif* » est l'**adjectif qualificatif** du **nom** « *adjectif* » ! Ou les plaisirs simples de la logique grammaticale française…

Le degré

Le **degré** est une façon de nuancer l'**adjectif qualificatif**. Une sorte de qualification du qualificatif, en quelque sorte… Il existe deux degrés différents : **le degré d'intensité et le degré de comparaison.**

Le degré d'intensité

Avec le degré d'intensité, l'**adjectif** fonctionne tout seul ou, plus exactement, l'**adjectif** est nuancé pour lui-même, sans référence à autre chose (au contraire du degré de comparaison dont nous parlerons juste après). On compte **trois sortes d'intensité** : faible, moyenne, et forte.

Voici quelques exemples :

*Ce livre est **très** recommandable.* : intensité forte.
*Ce livre est **moyennement** recommandable.* : intensité moyenne.
*Ce livre est **peu** recommandable.* : intensité faible.

Comme on peut le voir, le degré d'intensité consiste à ajouter un **adverbe** qui nuance l'**adjectif**. Parmi les **adverbes** utilisés on peut trouver :

- pour l'**intensité faible** : *peu, faiblement, légèrement*, ou même un préfixe comme *sous-* ou sa traduction grecque *hypo-*... ;
- pour l'**intensité moyenne** : *assez, plutôt, presque, moyennement, quasi(ment)*... ;
- pour l'**intensité forte** : *très, fort, tout, trop, tout à fait, bien, énormément, extrêmement, absolument*, ou un préfixe comme *extra-, hyper-, super-, ultra-*... Survivance du latin, il arrive aussi que l'on accole le suffixe *–issime* à un **adjectif** que l'on veut rendre plus intense : *Cet écrivain est **richissime** !*

Le degré de comparaison

L'**adjectif** met alors en comparaison deux éléments ou plus, ou encore un élément par rapport à un ensemble. Il existe deux degrés de comparaison : le **comparatif** et le **superlatif**.

Le **comparatif** peut exprimer :

- l'**infériorité** : *Mon livre est **moins** beau que le sien.*
- l'**égalité** : *Mon livre est **aussi** beau que le sien.*
- la **supériorité** : *Mon livre est **plus** beau que le sien.*

On remarque que l'**adjectif** est alors suivi d'un complément de comparaison introduit par « que ». Ce complément de comparaison peut être de plusieurs natures : un **groupe nominal** (*Dumas fils est plus célèbre **que son père***), un **adjectif qualificatif** (*Victor Hugo est aussi doué **que prolifique***), un **adverbe** (*Ses livres sont moins bons **qu'avant***), une **proposition subordonnée** (*Ce roman est plus apprécié **qu'on ne pourrait le croire***), un **nom propre** (« *J'avoue que je n'aurais pas dû employer cette expression de "joueur de 3ᵉ classe" devant un homme aussi vaniteux **que Mac Connor**.* » - *Le Joueur d'échecs*, Stefan Zweig).

Certains **adjectifs** ont conservé l'influence latine et ont un comparatif particulier : ainsi, *bon* donne-t-il *meilleur* (et pas « *plus bon* ») et *pire* (quoique « *moins bon* » soit aussi accepté).

Le **superlatif** exprime lui aussi le degré d'un **adjectif**, mais par rapport à un ensemble. Il n'a que deux nuances : la **supériorité** ou **l'infériorité**. S'il est comparé à un ensemble vague, il est dit **superlatif relatif** : *Cet auteur est **le plus grand** du XXe siècle./C'est **le moins aimé** de tous.* (on remarque qu'il est alors suivi d'un complément introduit par « de »). S'il n'est pas comparé explicitement, c'est un **superlatif absolu** : *Cet auteur est **très grand**./Il est **très peu lu**.*

L'usage le plus fameux de **superlatif relatif** dans la littérature française est sans doute celui de Madame de Sévigné dans sa lettre à M. de Coulanges : *Je m'en vais vous mander la chose la plus étonnante, la plus surprenante, la plus merveilleuse, la plus miraculeuse, la plus triomphante, la plus étourdissante, la plus inouïe, la plus singulière, la plus extraordinaire, la plus incroyable, la plus imprévue, la plus grande, la plus petite, la plus rare, la plus commune, la plus éclatante, la plus secrète jusqu'aujourd'hui, la plus brillante, la plus digne d'envie…*
(« À M. de Coulanges », *Lettres choisies*, Madame de Sévigné)

Les fonctions de l'adjectif

Une fois que vous avez reconnu un **adjectif**, que vous avez défini sa nature, s'offre à vous la possibilité de reconnaître sa fonction. Et là, le choix n'est, par bonheur, pas immense : soit il est **épithète**, soit il est **attribut** !

L'épithète

Un **adjectif épithète** est physiquement proche du **nom** qu'il qualifie (étymologiquement, il signifie « posé sur ») : il est soit tout à côté (il est alors dit **lié**), soit séparé par une virgule (on l'appelle **détaché**).

Quel livre étonnant ! : étonnant est une **épithète liée**.

Étonnant, ce livre ! : étonnant est une **épithète détachée**.

Attention, si l'**adjectif** s'intègre dans une suite, il peut être séparé de ses congénères par une virgule sans pour autant être détaché ! Par exemple : *Quel livre étonnant, émouvant, enthousiasmant, extraordinaire !* contient une suite d'**épithètes liées**.

L'attribut

L'attribut est un mot ou un groupe de mots indiquant la **qualité**, la **nature** ou **l'état** du sujet ou du complément d'objet par l'intermédiaire d'un verbe. Il existe deux sortes d'attributs, l'attribut du sujet et l'attribut du complément d'objet – direct ou indirect (COD ou COI).

L'attribut du sujet : un classique !

L'**adjectif attribut** est séparé du nom qu'il qualifie par un **verbe d'état**. Qu'est-ce qu'un **verbe d'état** ? Le verbe *être*, ou un verbe qui est plus ou moins synonyme du verbe *être* : *paraître, sembler, devenir, rester, demeurer, passer pour...* sont des **verbes d'état**.

« *Les deux goélands qui apparurent à toucher ses ailes étaient purs comme la lumière des étoiles, et l'aura qui émanait d'eux, dans l'air de la nuit profonde, était douce et amicale.* » (*Jonathan Livingston le goéland*, Richard Bach) : « *purs* » est **attribut** du **sujet** « *goélands* », et « *douce et amicale* » sont **attributs** du **sujet** « *l'aura* ».

Ce livre est extraordinaire : « *extraordinaire* » est **attribut** du **sujet** « *livre* », tout comme dans la phrase : *Ce livre paraît, semble, passe pour extraordinaire.*

« *Le silence se prolongeait. Il devenait de plus en plus épais, comme le brouillard du matin. Épais et immobile.* » (*Le Silence de la mer*, Vercors) : « *épais* » est attribut de « *il* », et « *épais et immobile* » également malgré le point, car il s'agit d'une répétition avec une précision ajoutée, et non d'une information nouvelle.

Certains **verbes** peuvent sans appartenir à la liste des **verbes d'état** et suivant le contexte, être synonymes du **verbe** *être*, mais pas toujours : à vous d'être vigilants, car on a vite fait de manquer un **attribut** !

Par exemple, le **verbe** *partir* peut fluctuer : dans une phrase comme *Ils partent gagnants*, l'**adjectif** est bien **attribut du sujet** « *ils* » car « *partir* » signifie être (*ils sont gagnants*). Rien à voir avec *Ils partent à l'heure*, où « *partir* » a le sens de se déplacer, et où, de toute façon, il n'y a même pas d'**adjectif** !

L'attribut du COD : l'agent secret...

Il existe aussi, mais on entre là dans la catégorie des esthètes amateurs de spécialisation grammaticale, un **attribut**, non pas du **sujet** comme nous venons de vous l'expliquer (où **l'adjectif** se rapporte au **sujet** du **verbe**), mais un **attribut du COD** (où **l'adjectif** qualifie donc le **COD**).

Lui, c'est un discret : un peu d'inattention, et hop ! Il se fait passer pour une **épithète** : c'est l'agent secret du nom... Mais ne vous y trompez pas !

Comment le reconnaître ?

Repérez d'abord si le **verbe** exprime une désignation, un jugement, une transformation (*déclarer, juger, trouver, nommer, rendre...*), ou bien s'il s'agit d'une **locution** comme *prendre pour, considérer comme...*

Ses amis déclarent cet homme **innocent** *:* « *innocent* » est ici accolé à « *homme* » qu'il qualifie comme un **adjectif épithète** le ferait. Pourtant, il s'agit bien d'un **attribut du COD** : « *homme* » est **COD**, et surtout on peut sous-entendre : *Ses amis déclarent* [que] *cet homme* [est] *innocent*.

Un autre exemple ? *Ses admiratrices trouvent cette actrice* ***superbe*** : cette phrase équivaut à *Ses admiratrices trouvent* [que] *cette actrice* [est] *superbe*. Donc – mais vous l'avez déjà repéré – « *superbe* » est bien **attribut du COD** « *actrice* ».

Au contraire de **l'attribut du sujet**, **l'attribut du COD** peut qualifier un **pronom personnel** : *Ses admiratrices la trouvent superbe* (sous-entendu : *Ses admiratrices trouvent qu'elle est superbe*).

Attention ensuite à ne pas vous égarer entre **attribut du COD** et **épithète du COD** : *Ses lecteurs considèrent cet écrivain comme* **excellent** (**attribut du COD**) ; *Ses lecteurs adorent cet* **excellent** *écrivain* (**épithète du COD**).

Chapitre 1 : L'adjectif qualificatif 17

La fonction d'**attribut** n'est pas, au contraire de celle d'**épithète**, réservée à l'**adjectif** ! L'**attribut** peut aussi être :

- **un nom ou un groupe nominal** : *Flaubert est un écrivain du XIXe siècle.*

- un **groupe nominal avec préposition** : *Boule de suif est de son contemporain et disciple Maupassant.*

- un **pronom** : *Ce dictionnaire est le mien.*

- un **groupe adverbial** : *Il paraît bien mieux !*

- une **subordonnée complétive** : *Son rêve le plus cher est que son roman soit publié.*

Chapitre 2

Les noms

Dans ce chapitre :
- Identifiez le nom
- Apprenez à l'orthographier
- Repérez sa fonction dans la phrase

« *Dis-moi, quel est ton nom...* », chantait Charles Trenet. Savoir le **nom** est une première étape vers la connaissance ! S'il s'agit d'un **nom propre**, c'est un peu connaître l'autre (son sexe, sa nationalité, son âge aussi parfois...). Si c'est un **nom commun**, le connaître c'est déjà pouvoir partager sa pensée, ses idées, c'est aussi apprendre la diversité du monde : ce moment où les oiseaux du jardin deviennent une mésange, un troglodyte, un pinson, une pie, un pouillot, une grive, est le moment qui vous permet de mieux en distinguer les couleurs et les particularités. Le **nom** des êtres et des choses, vivantes ou non, est leur carte d'identité, et pour vous le moyen de mieux les connaître. Le **nom**, tout **propre** ou **commun** soit-il, a donc son importance.

Nature (s) du nom

C'est du **nom commun** que nous allons parler, à la différence du **propre** qui se distingue par sa majuscule initiale. Le **nom commun** appartient à tout le monde, n'hésitez donc pas à vous l'approprier et vous en servir !

C'est lui le chef du groupe : **l'adjectif qualificatif** s'aligne sur lui et le colore de nuances, **l'adjectif non qualificatif** précise son identité, le **verbe** lui obéit... et il peut même constituer une **phrase** à lui tout seul ! Il a donc son importance.

De drôles de genres

Ou plutôt : une drôle de façon d'être d'un **genre** ou d'un autre. En effet, en français, les noms sont soit féminins soit masculins (le neutre ayant heureusement disparu), ce qui cause bien des difficultés à ceux qui ne sont pas de langue française et cherchent là une logique dont l'autochtone se passe bien ! En effet, pourquoi *la* lune et *le* soleil, *la* mer et *le* ciel ?

Il y a même des **noms** qui acceptent les deux genres… à la condition de changer de sens ! Mais ce sont des homophones, et à l'ouïe on ne s'aperçoit pas des légères variations orthographiques qui, en plus du contexte, les différencient. Par exemple : *un gène* et *une gêne*. Ou *un satyre* et *une satire*. Ils sont si loin les uns des autres malgré leur ressemblance auditive, qu'employer l'un pour l'autre peut être la source de malentendus comiques ou fâcheux…

Quand il fait nombre…

Le **nom** décide de l'accord du **verbe** et de **l'adjectif** certes, mais il répond aussi à une règle complètement misogyne : le masculin l'emporte. Ainsi, dans une suite de noms, il suffit d'un seul nom au masculin pour changer l'accord du **verbe**. Par exemple : *Une biche, une mouette, un panda, une cigogne, une girafe et une tortue* **attendrissants** *ornaient la vitrine du magasin de jouets*. Rageant, les filles, non ?

La plupart du temps, le **nom** mis au pluriel prend un –s. Mais parfois il prend un –x. Ainsi en est-il :

- de certains **noms** en –ou : *bijou, caillou, chou, genou, hibou, joujou, pou* ;
- des **noms** en –al dont le pluriel est –aux (sauf : *bal, carnaval, cérémonial, chacal, festival, pal, récital, régal*) ;
- des **noms** en –au ou –eau (sauf : *landau, sarrau*) ;
- des **noms** en –eu ou –œu (sauf : *bleu, émeu, lieu – le poisson ! –, pneu*).
- de certains **noms** en –ail dont le pluriel est –aux : *bail, corail, émail, soupirail, travail, vantail, vitrail.*

Chapitre 2 : Les noms

L'origine du travail

Le mot travail vient du latin *tripalium*, qui désignait un instrument où trois poutres équarries retenaient les animaux que l'on devait ferrer et, par la suite, les hommes que l'on y attachait pour les torturer. Au Moyen Âge, la souffrance physique se passe d'instrument : il s'agit de tourmenter, faire souffrir, et le travail désigne plus précisément les douleurs de la femme dans l'enfantement. Peu à peu, le sens de douleur physique s'affaiblit en contrainte morale, puis en obligation. Mais, comme disait La Fontaine : « *Travaillez, travaillez, prenez de la peine ! C'est le fonds qui manque le moins...* »

Les **noms** terminés par –s, –x, –z restent invariables au pluriel : *un pays, un puits, un creux, un gaz, un nez...*

Les noms composés

Parfois, un **nom** est formé par deux mots que l'on rejoint par un tiret. Ces mots peuvent être de différente nature, et leur accord en découle : il s'agit donc de les identifier.

Nom + nom

Les deux varient : *des portes-fenêtres, des choux-fleurs...*

Nom + complément du nom

Le nom s'accorde, mais pas son complément : *des arcs-en-ciel, des timbres-poste, des chefs-d'œuvre, des années-lumière...*

Nom + adjectif

Les deux varient : *des rouges-gorges, des belles-mères...*

Préposition + nom

La préposition reste invariable, et le nom s'accorde ou non suivant le sens : *des après-midi (après l'heure de midi), des avant-goûts...*

Mot invariable + nom

Bien sûr, le mot invariable, fidèle à lui-même, ne varie pas ! Mais le **nom**, si : *des avant-gardes, des non-lieux...*

Parfois, un **nom** composé peut l'être sans aucun **nom** ! C'est le cas de :

Adjectif + adjectif

Dans ce cas, les deux s'accordent : *des sourds-muets...*

Verbe + verbe

Et là, rien ne bouge : *des laissez-passer...*

Une drôle de nature

On ne vous le dira jamais assez (et c'est bien pourquoi nous le répétons !) : identifier la nature d'un mot est primordial, c'est le point de départ de toute analyse. Mais parfois, il y a des pièges... Par exemple, à voir le **nom** *nouveau-né*, on serait tenté de l'accorder suivant la règle **adjectif + nom**. Or, que nenni, « nouveau » est un **adverbe**, qui signifie : *nouvellement*, ou de façon plus actuelle et courante, *récemment*. Et donc, il ne varie pas malgré le pluriel du **nom** : *des nouveau-nés*.

Les aides de camp

Un **nom** cependant – et bien sûr vous le savez déjà – a besoin d'être introduit, présenté, et il ne s'avance pas tout seul dans le monde de la phrase : c'est le rôle des **déterminants**, **articles** et autres **adjectifs non qualificatifs** de servir d'aides de camp au nom qu'ils précèdent. Ce sont eux qui l'introduisent, le présentent, et ainsi le spécifient. *(Une histoire, des poèmes, le ciel, la forêt, mon vocabulaire, tes bonbons, quelques mots, chaque fleur, plusieurs ancêtres, un raton laveur...)* Nous en ferons l'inventaire au fil des chapitres.

Le pronom : un intérimaire

Le **pronom** est mis pour le **nom** (son étymologie est claire : « pro » signifiant pour). C'est en quelque sorte lui qui assure l'intérim ! Il peut éviter une répétition, ou servir de raccourci,

Chapitre 2 : Les noms

et il assume les mêmes fonctions que le **nom**. Il existe des **pronoms personnels, possessifs, démonstratifs**... Chacun a son usage précis, au contraire du **nom** qui les remplit tous !

Il existe des **pronoms** :

- **personnels** : *je, tu, il, nous, vous, ils/lui, elle, eux, elles* ;
- **démonstratifs** : *ce, cela, ceci, celui, celui-ci, celui-là* ;
- **possessifs** : *le mien, le tien, le sien, le nôtre, le vôtre, le leur/les miens, les tiens, les siens, les nôtres, les vôtres, les leurs/la mienne, la tienne, la sienne, la nôtre, la vôtre, la leur/les miennes, les tiennes, les siennes, les nôtres, les vôtres, les leurs* ;
- **indéfinis** : *aucun, chacun, nul, plusieurs, rien, tout...* ;
- **relatifs** : *qui, que, quoi, dont, où, lequel, quiconque...* ;
- **interrogatifs** : *qui, que, quoi, lequel, laquelle, lesquels, lesquelles, auquel, auxquels, à laquelle, auxquelles.*

Les **pronoms** *en* et *y* sont à classer à part, car même s'ils sont le plus souvent considérés comme des **pronoms personnels** ou **indéfinis**, il arrive qu'on les classe dans la catégorie des **adverbes** !

Les **pronoms réfléchis** sont des **pronoms personnels** qui redoublent le sujet en le désignant une deuxième fois juste après lui. On les emploie alors comme **compléments** : ils complètent ainsi certains **verbes**, qui sont dits « **pronominaux** ».

Par exemple : *Il se lave.* : « *il* » est le **pronom personnel** sujet, « *se* » le **pronom personnel** réfléchi et les deux désignent la même personne.

Fonctions du nom

Le **nom** est l'élément principal de la phrase autour duquel tout gravite. Un **adjectif** ? Il s'accorde avec lui. Un **verbe** ? La plupart du temps il en dépend pour son accord. Par conséquent, ainsi réclamé sur tous les fronts, il se doit d'être multitâche ! Sympathique et, somme toute, serviable, il va donc accepter de remplir plusieurs fonctions.

Sujet

Quand un **nom** prend la fonction de **sujet**, c'est le chef de la phrase. C'est lui qui commande, non pas seulement les **adjectifs** qui l'environnent, mais aussi le **verbe** dont il prend en charge l'accord. *Ce <u>livre</u> est extra ! Ta <u>mère</u> l'a lu ?*

Apposition

C'est peut-être la fonction la plus évidente du **nom** après le **sujet**, la plus simplement réalisée parce qu'elle ne nécessite aucune **préposition** ou **conjonction**. L'**apposition** apporte une précision sur le **nom**, une information complémentaire. Elle désigne la même idée que lui, il y a donc identité entre eux. Parfois, elle en est séparée par une virgule, mais pas toujours : ***Enfant**, cette artiste aimait déjà les fleurs.* : « *enfant* » représente la même réalité que « *cette artiste* », il s'agit donc d'une **apposition**. Il en est de même dans *Cette artiste, **amie de mes parents**, peint de merveilleux tableaux* : l'**apposition** (ici « *amie de mes parents* ») n'est pas nécessairement en début de phrase.

Complément du nom

Un **nom** peut-il être **complément** de lui-même ? Allons donc, bien sûr que non ! En revanche, un **nom** peut être complément d'un autre **nom**. Il permet, en effet, de préciser un autre **nom** et de le compléter, en apportant une information sur l'appartenance par exemple (*C'est le chien **du voisin***), mais pas forcément (*Des patins **à roulettes**, Un bracelet **en or**...*). Il se construit avec une **préposition** : **à, de, par, pour, sur, sans...** « *Comme son fils insistait, il alla prendre sa longue-vue et scruta la surface **de la mer**, en direction **du sillage**.* » (*Le K*, Dino Buzzati)

Il est important de ne pas confondre l'**apposition** et le **complément du nom** quand ils sont introduits par *de*. Ainsi, dans l'expression *le territoire de la Gaule*, « *Gaule* » est une **apposition** car « *territoire* » et « *Gaule* » désignent la même réalité ; en revanche, dans l'expression *le territoire de Vercingétorix*, « *Vercingétorix* » est un **complément du nom** car il s'agit de deux réalités différentes, il n'y a pas identité entre les deux.

COD (Complément d'objet direct)

Un **nom** peut aussi être **complément** du verbe : on l'appelle alors **complément d'objet**, parce qu'il se différencie du **sujet** par sa position secondaire. Ce n'est pas lui qui dirige la phrase, il est plutôt dirigé par elle, ou au moins par le **verbe**. On le reconnaît en posant la question « qui ? » ou « quoi ? » après le **verbe** : *Il raconte...* quoi ? *Une histoire. Le loup dévore...* qui ? *Le petit chaperon rouge.* Par exemple, dans la phrase *Je mange une **pomme***, la pomme subit les conséquences de l'action du **sujet** ! Et comme elle arrive juste après le **verbe**, elle remplit donc la fonction de **COD** de celui-ci, c'est-à-dire de **complément d'objet direct**. « *Si l'on pouvait recouvrer l'intransigeance de la jeunesse, ce dont on s'indignerait le plus, c'est de ce qu'on est devenu.* » (*Les Faux-monnayeurs*, André Gide) : *si l'on pouvait recouvrer...* quoi ? *l'intransigeance de la jeunesse* est donc **COD** de *recouvrer*.

Les **verbes** qui se construisent avec un **COD** s'appellent **transitifs directs**, ceux qui ne supportent pas sa présence et fonctionnent en mode individuel sont dits **intransitifs** (et intransigeants !). Par exemple, *voir* ou *regarder* sont des verbes **transitifs** : *Quand je regarde le **ciel**, je vois les **nuages***. Mais *partir* est **intransitif** : *Nous partons*. La plupart des verbes sont **transitifs**, ce qui ne les empêche pas de se donner parfois des airs d'intransitivité : *Il mange un **gâteau**./ Il mange*.

COI (Complément d'objet indirect)

Un **nom** peut être, on vient de le voir, **complément** du **verbe**. Mais il ne lui est pas toujours directement accolé : il peut en être séparé par une **préposition**. Il répond alors à la question « à quoi ? » ou « à qui ? » : *Ils parlent...* à qui ? *À leur professeur. Elles jouent...* à quoi ? *À la marelle.* On l'appelle dans cette situation **complément d'objet indirect**, et les verbes qui se construisent avec lui sont dits **transitifs indirects**.

Quand le **COI** (2) arrive après un **COD** (1), on l'appelle **COS**, soit **complément d'objet second** : *Vous dites un **mot** (1) à cette **dame** (2).*

La question « qui ou quoi » se pose *après le verbe* pour identifier un **COD** ! Sinon il s'agit d'un **sujet**... *Le lion mange le gardien* : *le lion mange qui/quoi ? le gardien* est **COD**. *Quoi/qui mange le gardien ? le lion* est **sujet**.

De même, une erreur communément admise – et venue d'on ne sait où – veut que l'on pense qu'à la question « quoi » réponde un **COD**, mais à la question « qui » réponde un **COI**. C'est faux ! Il faut une **préposition** (même dans la question) pour faire un **COI**. *Il appelle son ami : il appelle qui ? son ami* est **COD**. *Il pense à ses vacances : il pense à quoi ? ses vacances* est **COI**.

COS (Complément d'objet second)

Le **COS** est toujours **COI**, mais il arrive en second, c'est-à-dire soit après un **COD**, soit après un autre **COI**. Par exemple : *Il demande un chien **à ses parents***. Dans cette phrase, « *chien* » est **COD**, et « *à ses parents* » est **COI**, mais comme il y a déjà un **COD** dans la phrase, ce **COI** est appelé **COS**. Cela fonctionne aussi s'il s'agit d'un deuxième **COI** : *Elle a parlé de toi **à ses amies***. Dans cette phrase, « *de toi* » est un **COI**, et « *à ses amies* » aussi : il s'agit donc d'un **COS**. « *Le ruisseau portera les messages du printemps **au fleuve**.* » (*Plaisir des météores*, Marie Gevers,) : « *les messages du printemps* » est **COD**, « *au fleuve* » est **COI**, il s'agit donc d'un **COS**.

Attribut

Eh oui, comme nous vous l'expliquions dans le chapitre consacré à **l'adjectif**, **l'attribut** peut aussi être un **nom** ! Il suffit pour cela que le verbe de la phrase soit un **verbe d'état** : on le repère parce qu'il équivaut à être (état : ce qui est)... ou parce qu'on se souvient qu'à l'école, on a appris la **liste des verbes d'état** (*rester, paraître, sembler, devenir, passer pour, avoir l'air, demeurer*...) !

*Le professeur est **une vedette** !* : « *une vedette* » désigne « *le professeur* », ce nom en est séparé par le verbe *être*, il s'agit donc bien d'un **attribut du sujet**.

Et, de la même façon que pour **l'adjectif**, si le nom peut être **attribut du sujet**, il peut aussi être **attribut du complément**. *L'équipe a nommé cet homme **président**.* : « *président* » est attribut du COD « *homme* ». Pourquoi ? Parce que la phrase signifie : *L'équipe a décidé que cet homme était président.* Or on s'aperçoit que « *homme* » et « *président* » sont mis en balance, en symétrie pourrait-on dire, par le **verbe d'état** « être », qui est sous-entendu dans la phrase précédente. Il s'agit donc bien d'un **attribut**. Et comme « *homme* » est **COD**, « *président* » se retrouve **attribut du COD**. Bon, il y a plus simple...

Complément d'agent

Qu'est-ce qu'un **complément d'agent** ? C'est celui qui agit ! Celui, clairement, qui fait l'action. Pourquoi alors ne l'appelle-t-on pas **sujet** tout bonnement ? Mais parce qu'il y en a un autre qui en tient lieu, pardi ! Le **complément d'agent** se trouve en effet exclusivement dans la tournure passive. Or, vous vous souvenez avoir appris que : « au passif, le **sujet** subit l'action ». En vérité, il est à présent nécessaire d'être plus précis pour bien comprendre cette construction : au passif, le **sujet** avec lequel le **verbe** se conjugue subit l'action, et le « vrai » **sujet** (celui dont parle la phrase) est recalé en fin de phrase sous forme de **complément d'agent** (quand, toutefois, il n'est pas tout simplement supprimé). *Le professeur félicite les élèves* donne au **passif** : *Les élèves sont félicités par le professeur.* « *Les élèves* » est bien le **sujet** du verbe, qui se conjugue avec lui. Et pourtant, ce **sujet** subit l'action. Qui commande dans cette phrase ? « *Le professeur* » : c'est le **complément d'agent**. Le **complément d'agent** est parfois d'une telle évidence qu'on peut même le supprimer : *Les élèves sont félicités* (il est évident que *le professeur* en est l'instigateur). *Le feu a été éteint* (inutile de préciser que c'est *par les pompiers*...).

CC (Complément circonstanciel)

Malgré toutes ces possibilités nous parlerons encore d'une catégorie : celle du **complément circonstanciel** ou **CC** pour les intimes (dont vous serez bientôt). Un **CC** ne se limite pas à ces initiales, c'est en effet un Complément Complexe, parce que Complément à Choix ! En effet, un **CC** peut être :

> ✓ **CC de temps :** quand : « *Nous étions pourtant **depuis dix ans** dans ce pays lorsque Meaulnes arriva.* » (Le Grand Meaulnes, Alain-Fournier) *Ils ont voyagé **en été**.*

- **CC de moyen :** de quelle façon : *Vous avez fabriqué cela* **avec des outils**. *Elle est arrivée* **en train**.
- **CC de manière :** comment : « *Le désir du bain ne semble venir à l'oiseau que* **par une seconde impulsion**, *après qu'il a bu.* » (*Pourquoi les oiseaux chantent*, Jacques Delamain)
- **CC de lieu :** où : « *Quand Cidrolin rouvre les yeux, un soleil orange descend* **vers les achélèmes de la zone suburbe**. » (*Les Fleurs bleues*, Raymond Queneau) *Nous sommes partis* **à Paris**.
- **CC de conséquence :** à quelles fins : *Ils ont gagné* **pour notre plus grand bonheur**.
- **CC de condition :** sous quelle condition : *Nous viendrons* **sous réserve de possibilité**.
- **CC de cause :** par quel moyen : *Elles ont compris cette leçon* **grâce au manuel**.
- **CC de but :** dans quel but : « *J'achète chaque année la vignette pour sentir que je vais bientôt avoir une voiture,* **pour l'optimisme**. » (*Gros-câlin*, Émile Ajar) *Tu as travaillé* **pour ce résultat**.
- **CC d'accompagnement :** avec qui, avec quoi : *Il est venu* **avec sa sœur**.

Vous aurez remarqué, perspicaces que vous êtes, une constante : ce **complément** introduit le nom au moyen d'une **préposition**, qui peut aussi être un **adverbe** ou une **locution adverbiale**.

Chapitre 3

L'adjectif non qualificatif et l'article

Dans ce chapitre :
- Apprenez à reconnaître un adjectif non qualificatif
- Identifiez les articles
- Sachez les placer dans une phrase
- Trouvez leur fonction

*L'*un et l'autre ont un rôle déterminant ! En effet, ils déterminent le **nom**… Cependant, malgré leur utilité commune, les grammairiens ont pris l'habitude de les distinguer. Suivons-les donc !

Deux natures différentes

S'ils déterminent tous deux le nom, l'adjectif non qualificatif et l'article n'ont pour autant pas la même nature dans la phrase…

Les adjectifs non qualificatifs

Il s'agit bien d'**adjectifs** et ils en ont la caractéristique principale : celle de s'accorder avec le **nom**. Cependant, ils ne le qualifient pas mais l'introduisent carrément dans le discours, et le déterminent, c'est-à-dire qu'ils lui donnent son caractère.

On en compte plusieurs sortes :

- les adjectifs possessifs : *mon, ma, mes ; ton, ta, tes ; notre, nos ; votre, vos ; leur, leurs.*
- les adjectifs démonstratifs : *ce, cet, cette, ces.*
- les adjectifs indéfinis : *aucun, autre, certain, chaque, différents, divers, l'un et l'autre, n'importe quel, maint, même, nul, pas un, plus d'un, plusieurs, quel, quelconque, quelque, tel, tout.*
- les adjectifs interrogatifs : *quel, quelle, quels, quelles.*
- les adjectifs exclamatifs : *quel, quelle, quels, quelles.*
- les adjectifs relatifs : *lequel, duquel, auquel/laquelle, de laquelle, à laquelle/lesquels, desquels, auxquels/ lesquelles, desquelles, auxquelles.*
- les adjectifs numéraux (ordinaux et cardinaux) :
  - ordinaux : *premier, deuxième, troisième...*
  - cardinaux : *un, deux, trois...*

Les articles

Il existe trois types d'articles :

- **L'article indéfini :** *un, une, des* (*de* devant certains mots au pluriel).

  Il introduit un mot qui n'est pas précisé, ou dont on parle pour la première fois. « *Une* grenouille vit *un* bœuf qui lui sembla de belle taille... » (*Fables*, La Fontaine) Il peut aussi introduire un mot générique : *Une* femme ne réagit pas toujours de la même façon qu'*un* homme.

- **L'article défini :** *le, la, les.* Ou défini contracté : *au* (= à le), *du* (= de le), *aux* (à les), *des* (de les).

  Il détermine un mot avec précision.

  L'**article défini contracté** s'emploie devant un mot commençant par une consonne ou un h aspiré (*Un gâteau au chocolat*) ; au pluriel, il s'emploie aussi devant un mot commençant par une voyelle ou un h muet (*Une sauce aux airelles*).

- **L'article partitif :** *du* (contraction de de + le), *de la, des* (contraction de de + les).

Il est employé devant les noms exprimant une quantité indénombrable (*du pain, de la farine*) ou désignant une chose abstraite ou inanimée (*Ils ont du courage*).

Place dans la phrase

Les **adjectifs non qualificatifs**, tout comme les **articles**, se placent devant le **nom**.

Mais ils ont aussi une particularité, et même un pouvoir magique ! Celui de transformer en **nom** le mot qui les suit... Pas systématiquement bien sûr, mais de façon assez fréquente pour que cela mérite d'être signalé. Transformer en **nom** s'appelle substantiver.

Ainsi, un **adjectif non qualificatif** ou un **article** peut substantiver :

- un **adjectif** : *les jeunes, le vert, un bizarre, n'importe quel imbécile...*
- un **adverbe** : *un oui, un non, le bien, le mal...*
- un **verbe** : *le déjeuner, chaque lever de soleil, son rire, le savoir...*
- une **locution** : *le qu'en-dira-t-on, un va-nu-pieds, ce tête en l'air...*

Il arrive aussi que l'**article** soit tout bonnement supprimé ! Il a beau être utile, il n'est pas toujours indispensable, et son omission peut même être souhaitable dans certaines circonstances. Voici lesquelles :

- certaines **locutions** : *avoir faim, garder patience, prêter main-forte...*
- certains **proverbes** : « *Science sans conscience n'est que ruine de l'âme.* » (Rabelais)
- l'abrègement, par exemple dans un télégramme : « *Mère décédée. Enterrement demain. Sentiments distingués.* » (*L'Étranger*, Albert Camus)
- avant un **adverbe** de quantité : *Tu as trop de livres !*
- avant un **COD** à la forme négative : *Cette librairie ne vend pas de livres anglais.*

Fonction

L'**adjectif non qualificatif** et l'**article** ont pour fonction d'introduire le **nom**. Ils peuvent notamment (rôle dévolu plus spécialement à l'article) montrer le genre et le nombre de ce **nom**. *Un homme, une femme...*

La subtilité de leur usage permet des nuances intéressantes. Par exemple : *un café* peut désigner une tasse de café ou un lieu où la boire ; mais *le café* détermine ce lieu précis tout en laissant penser que l'on évoque la boisson en général ; *du café* entraîne l'idée de quantité indénombrable...

Chapitre 4
Les mots invariables

Dans ce chapitre :
▶ Identifiez les prépositions
▶ Reconnaissez les adverbes
▶ Repérez les conjonctions
▶ Trouvez leur fonction

*L*es mots invariables possèdent plein d'avantages : d'abord, leur orthographe ne change pas ! Sans accord, ils restent toujours semblables à eux-mêmes, et savoir les écrire une fois c'est savoir les écrire toujours : un rêve pour les paresseux ou ceux qui sont fâchés avec les accords ! Et puis, les mots invariables sont bien utiles : pour préciser son idée, et la communiquer clairement, rien de plus rapide : *dessus, dessous, entre, derrière, devant...* Dans le langage oral, leur évidence permet même de faire l'économie d'une phrase remplacée par un geste : « *Où as-tu mis la clé ?* » « *Dessus !* », répondez-vous en désignant le petit meuble de l'entrée... Enfin, les mots invariables n'ont pas vraiment de fonction grammaticale dans la phrase : inutile de chercher s'il s'agit d'un **COD**, d'un **COI** ou d'un **CC** ! Le mot invariable fonctionne en électron libre, il vient ajouter de la qualité et de la précision à la phrase lorsqu'on le sollicite, mais sans se laisser prendre cependant au jeu hésitant des fonctions. Il en existe quatre sortes : les **prépositions**, les **adverbes**, les **conjonctions** et les **interjections**.

Les prépositions

Leur usage est discret, mais efficace : elles servent à préciser un mot en introduisant un **complément** à ce mot.

Ce complément peut être un **nom** (*Un livre de français*), un **pronom** (*Il s'avance vers moi*), un **infinitif** (*Il faut manger pour vivre...*), et même un autre mot invariable comme un **adverbe** (*Tu commenceras dès demain*).

Leur usage

Les prépositions peuvent indiquer :

- ✔ le temps : **avant, après, depuis**... ;
- ✔ le lieu : **à, en, vers, dans, sous, sur**... ;
- ✔ la cause : **pour, vu**... ;
- ✔ le but : **pour, afin**... ;
- ✔ la manière : **de, avec, sans**... ;
- ✔ etc.

Les prépositions le plus souvent employées sont : **à, dans, par, pour, en, vers, avec, de, sans, sous**... Et d'ailleurs, les retenir dans cet ordre est aussi un bon moyen mnémotechnique ! (« Adam part pour Anvers avec deux cents sous ! »)

Il existe une astuce pour savoir si le *a* est une **préposition** ou la 3ᵉ personne du singulier du **verbe** *avoir* : certains croient à tort qu'il s'agit de remplacer ce *a* par « **avec** »... Que nenni ! (traduction : Pas du tout !) Il s'agit de le remplacer par « **avait** ». Par exemple : *Ce livre à bas prix est un chef-d'œuvre.*/~~Ce livre avait bas prix est un chef-d'œuvre~~ : il s'agit de la préposition *à*. *Ce chat a une tache noire sur l'œil.*/*Ce chat avait une tache noire sur l'œil* : il s'agit bien du **verbe** *avoir*. Cette distinction est particulièrement utile pour éviter les erreurs d'orthographe malvenues !

La locution prépositive

Elle est appelée ainsi lorsque la préposition se présente sous la forme d'un groupe de mots. C'est le cas de : **afin de, à l'abri de, à cause de, à l'exception de, à force de, à l'insu de, à moins de, à raison de, au-dedans de, au-delà de, au lieu de, auprès de, autour de, avant de, d'après, de peur**

Chapitre 4 : Les mots invariables **35**

de, du côté de, en dehors de, en dépit de, en faveur de, face à, faute de, grâce à, hors de, loin de, près de, quant à...

On la reconnaît parce qu'elle contient toujours au moins une préposition dans le groupe de mots qui la compose.

Préposition ou adverbe ?

Suivant leur place, certaines **prépositions** peuvent se changer en **adverbes**. C'est le cas notamment si rien ne les suit. *Il lit dans le jardin **derrière** la maison* (**préposition**). *Il lit **derrière*** (**adverbe**). ***Loin** de lui elle se sent seule* (**préposition**). ***Loin**, elle se sent seule* (**adverbe**). Cela étant, la distinction est de moindre importance pour les non-grammairiens : dans les deux cas, cela reste invariable !

Les adverbes

Encore des mots qui ont la sympathie de rester invariables ! Leur rôle est de préciser les circonstances de l'action : temps, lieu, ou manière.

Ils peuvent aussi bien porter sur un **verbe** (*Il lit **vite** !*), un **adjectif** (*Un livre **vraiment** intéressant...*), ou un autre **adverbe** (*Il retient **très** facilement*).

Trois formes d'adverbes

On repère trois types de formes :

- ✔ des mots simples d'abord : ***très, trop, souvent, enfin...*** ;
- ✔ des groupes de mots ensuite, également appelés **locutions adverbiales** : ***tout à fait, tout à coup, jusque-là...*** ;
- ✔ des mots en –ment enfin : ***légèrement, agréablement, évidemment, méchamment...***

> ### À savoir
>
> Les **adverbes** en –ment sont construits à partir d'un **adjectif** au féminin, auquel on ajoute le **suffixe** –ment : *familièrement, généreusement...*
> (Exceptions faites des **adjectifs** qui finissent par –ie – *joliment, poliment, vraiment...* – et de *gentiment*.)
> Si l'**adjectif** est en –ent, on garde le e et on double le m : *patiemment...*
>
> Si l'**adjectif** est en –ant, on garde le a et on double le m : *savamment...*
> Attention à ne pas les confondre avec un **nom commun** en –ment : *étirement, abaissement, démembrement, mouvement...* Comment les distingue-t-on ? Les **noms** acceptent d'être précédés d'un **article** : *un* évitement, *un* logement...

Quelques adverbes

Voici quelques **adverbes** en français : *ailleurs, ainsi, alors, après, assez, aujourd'hui, aussi, aussitôt, autant, autour, avant, beaucoup, bien, bientôt, cependant, comme, debout, dedans, dehors, déjà, demain, depuis, derrière, dessous, dessus, devant, encore, enfin, ensemble, ensuite, exprès, gratis, hier, ici, jamais, là, loin, longtemps, maintenant, mal, mieux, moins, ne... jamais, ne... pas, ne... plus, ne... rien, non, oui, parfois, parmi, partout, peu, peut-être, plus, plutôt, pourtant, près, presque, puis, quelquefois, si, soudain, souvent, tard, tôt, toujours, tout, très, vite, vraiment* et les adverbes en –ment : *doucement, effrontément, énergiquement, localement, logiquement, tendrement, terriblement...*

L'**adverbe** *parmi* ne prend pas de –s final !

Adverbe ou adjectif ?

Certains mots peuvent être **adverbes** dans certaines phrases et **adjectifs** dans d'autres. C'est le cas par exemple de *fort* ou *haut*. *Il est très fort !* (*fort* est **adjectif**), mais *Il est fort gentil !* (*fort* est **adverbe**). Ou bien : *Il est vraiment haut !* (**adjectif**), mais *Il est haut placé* (**adverbe**). Comment les différencier ? Chercher à les mettre au féminin est une première technique : *Elle est très forte ! Elle est vraiment haute !* Si cela s'avère impossible, c'est qu'il s'agit en l'occurrence d'un **adverbe**. La deuxième technique consiste à les remplacer par l'**adverbe** en –ment correspondant ou un autre **adverbe** : *Il est fortement gentil/très gentil ! Il est hautement placé.* Si cela s'avère impossible, c'est que dans cette circonstance il s'agit d'un **adjectif**. Cette différenciation peut devenir délicate quand il s'agit de les orthographier : car là où un **adjectif** réclame un accord, un **adverbe** exige au contraire la neutralité ! Ainsi, dans la phrase *Ils sont **fort** gentils*, il est nécessaire de bien comprendre que *fort* est un **adverbe** pour ne pas l'accorder fautivement...

Les **adverbes** sont-ils tous invariables ? L'un d'eux déroge à la règle : *tout*. *Tout* est un peu particulier : déjà, il n'est pas toujours **adverbe** (il peut être **adjectif** : *Toutes les filles* ; ou **pronom** : *Tous sont venus*). Pour savoir s'il est **adverbe** dans la phrase, il suffit de le remplacer par un autre **adverbe** : *Il est **tout** fier : Il est **très** fier*. Pas de problème, nous direz-vous : *tout* **adverbe** reste bien invariable, preuve en est faite à la phrase précédente ! D'ailleurs, on peut la mettre aussi bien au pluriel : *Ils sont **tout** contents* qui signifie *Ils sont très contents* (à ne pas confondre avec *Ils sont **tous** contents* qui signifie qu'ils le sont **tous sans exception**). Les choses changent quand il s'agit du féminin... Certes, on peut lire : *Elles sont **tout** attendries*, et *tout* ne change pas ; mais si l'**adjectif** féminin commence par une consonne ou un h aspiré, exceptionnellement *tout* **adverbe** s'accorde : *Elles sont **toutes** contentes.*

Rôle

Les adverbes peuvent modifier le sens :

- ✔ d'un autre **adverbe** : *Elle sort **très** peu.*
- ✔ d'un **adjectif** : *Ils sont **très** contents.*
- ✔ d'un **verbe** : *En ce moment, je dors **peu**.*
- ✔ d'une **proposition** : ***Heureusement**, vous êtes arrivés !*

Les conjonctions

Étymologiquement, une **conjonction** c'est un lien entre deux choses, ce qui les rejoint : en grammaire deux mots ou deux propositions, et en expression deux idées.

Il existe deux sortes de **conjonctions** : celles qui coordonnent et celles qui subordonnent. Ce sont d'ailleurs elles qui décident de la nature de la proposition qui les suit : coordonnée ou subordonnée.

Les conjonctions de coordination

Elles servent à rendre plus explicite le lien entre deux propositions, et donc à clarifier le message : ce sont des **coordonnants**.

Elles sont au nombre de sept, qu'on a pris l'habitude de retenir dans cet ordre mnémotechnique : ***mais, ou, et, donc, or, ni, car.***

On y trouve :

- l'opposition : ***mais, or*** ;
- l'alternative : ***ou*** (attention, il s'agit bien du « *ou* » sans accent !) ;
- l'addition : ***et*** ;
- la cause : ***car*** ;
- la conséquence : ***et, donc*** ;
- la négation : ***ni***.

Les deux propositions mises en relation par une **conjonction de coordination** sont dites **coordonnées** : « *On est parti content, assuré de ne pas avoir chaud, **car**, dans la résille des nuages, le soleil somnole.* » (*Un promeneur à pied*, Andrée Martignon) *Tu as lu ce livre, **mais** tu ne t'en souviens plus ? Je vais le relire, **car** je ne me rappelle plus l'histoire non plus.*

Les conjonctions de subordination

Elles aussi explicitent le lien entre deux propositions. Mais elles établissent un rapport de hiérarchie entre celles-ci : on retrouve cette hiérarchie dans l'étymologie : « être subordonné » signifie « dépendre de », « prendre ses ordres de ». Il s'agit donc d'établir un rapport entre une proposition principale et une proposition qui lui sera subordonnée, qui dépendra d'elle. La **conjonction de subordination** est aussi appelée **subordonnant**.

Chapitre 4 : Les mots invariables

Il existe deux grandes sortes de **propositions subordonnées** : celles qui dépendent d'un **nom** (**relatives**) et celles qui dépendent d'un **verbe** (**conjonctives**). La **conjonction de subordination** introduit les **subordonnées conjonctives** (c'est le **pronom relatif** qui introduit les **subordonnées relatives**).

Quelques conjonctions de subordination :

Que, parce que, quoique, bien que, si bien que, lorsque, alors que, tandis que, même si, comme, quand...

Le cas de « que »

Que est particulier : il peut en effet avoir plusieurs natures différentes suivant son usage.

- **Adverbe** : il introduit une exclamative, le plus souvent : *Que je t'aime !*

- **Pronom relatif** : il introduit une subordonnée relative, avec antécédent : *Le botaniste a découvert une plante que l'on ne connaissait pas.*

- **Pronom interrogatif** : il introduit une proposition indépendante interrogative : *Que t'arrive-t-il ?*

- **Conjonction de subordination** : il introduit une complétive (COD). *Je parie que tu l'as déjà lu !*

- "C'est aussi un élément de plusieurs **conjonctions de subordination** introduisant des **subordonnées conjonctives** compléments circonstanciels : *parce que, bien que, si bien que, de même que...*

Rôle

Le rôle de la **conjonction de coordination** est d'introduire une **proposition** coordonnée : *Ils sont heureux <u>car ils ont réussi</u>.*

Le rôle de la **conjonction de subordination** est d'introduire une **proposition** subordonnée : *Ils sont heureux <u>parce qu'ils ont réussi</u>.*

La fonction

Ces mots invariables, qu'ils soient **préposition** ou **conjonction**, n'ont aucune fonction grammaticale dans la phrase à part celle de relier des propositions ou des mots entre eux. Ils instaurent un lien de dépendance entre eux, mais leur fonction ne s'analyse pas comme celle d'un **nom** ou d'un **adjectif** par exemple.

Si on résume, voilà donc des mots dont l'orthographe ne varie jamais, et dont on n'a pas à trouver la fonction : l'idéal, on vous dit... !

Un petit bémol est cependant à noter ou, comme on dit en grammaire, il y a une exception qui confirme la règle : l'**adverbe** peut avoir une fonction analysable. La plupart du temps, il est **complément circonstanciel** : *Il viendra* **demain** (CC de temps). *Elle y arrive* **lentement** *mais* **sûrement** (CC de manière).

Les interjections

Bon sang, mais c'est bien sûr ! Oh, on allait les oublier, non mais !

S'il est une catégorie de mots presque sauvage à force d'être indépendante, c'est bien celle des **interjections**. Destinées à exprimer nos émotions, joie comme peur, douleur ou regret, elles ne se rattachent à aucun autre membre de la phrase.

Le poète Matsuo Bashō en a remarquablement utilisé les nuances dans le fameux *haïku* minimaliste qui lui est attribué (Un *haïku* est un poème japonais qui évoque en trois vers de dix-sept syllabes une certaine impression du monde à un moment donné.) :

« *Matsushima ya*
aa Matsushima ya
Matsushima ya »

Que l'on traduit par :

« *Matsushima ah !*
Ah, Matsushima !
Matsushima ah ! »

Chapitre 4 : Les mots invariables

Poème qui peut faire rire le profane, mais qui illustre en fait à merveille les variations de l'**interjection** : le « ah » y exprime tantôt le rêve ou l'espoir, tantôt la satisfaction, tantôt le regret et le souvenir liés à la ville de Matsushima...

Eh oui, malgré leur apparence insignifiante, les **interjections** peuvent se révéler pleines de sens ! On peut en distinguer plusieurs sortes :

- D'abord, celles qui consistent en une voyelle modulée. Il s'agit alors d'exprimer ou de renforcer une émotion, un sentiment, une sensation : *Ah, te voilà !* ou *Oh, que j'ai mal !* Elles sont typiques du langage oral, et les utiliser à l'écrit révèle l'intention de donner l'impression de l'oralité (dans une pièce de théâtre, ou dans un contexte d'écriture plus familière à la 1re personne du singulier ou en style indirect libre, par exemple dans le fameux passage de *L'Assommoir* où Zola fait hésiter son héroïne Gervaise à la porte du café : « *Ah ! Elle en avait bu, des gouttes !* »).

- Ensuite, dans la même gamme, on trouve les **interjections** qui se prolongent sur plusieurs syllabes – mais l'idée est la même : *Ah là là, Eh bien,* etc.

- Ajoutons-y les **onomatopées**, qui imitent des sons ou ont au moins vocation de le faire : *miam-miam, miaou, pin-pon, toc toc...*

- Enfin, on peut citer d'autres types d'exclamations parfois qualifiées par les grammairiens de « fausses interjections », car il s'agit de mots complets ou d'expressions entières détournés de leur sens premier par ce qu'on appelle une dérivation impropre, ils changent ainsi de catégorie : *Hélas ! Courage ! Oyez ! Adieu ! Au secours !* etc.

Bien que certaines **onomatopées** correspondent à présent à des codes – tels le fameux *ouah ouah* du chien ou le *coin-coin* du canard, qui provoquent aussitôt une connivence due à la compréhension immédiate de l'interlocuteur –, il est important de signaler qu'elles se basent au départ sur un accord tacite d'une façon d'entendre la langue. Il faut, en effet, pour qu'une **onomatopée** fonctionne, que pour l'un comme pour l'autre des interlocuteurs, elle fasse immédiatement référence à la même réalité. Or, figurez-vous que, comme elles dépendent de la façon dont l'ouïe perçoit les sons, elles changent suivant la perception que l'on a des sons. Ainsi, le *cocorico* du coq français devient *kikeriki* en Allemagne, *cock-a-doodle-doo* en Angleterre, *kukeleku* (flamand) ou *coutcouloudjoû* (wallon) en Belgique, *gwougwou* en Chine, *kirikiki* en Espagne, *kukkokiekuu* en Finlande, *kukru ku* en Inde, *chicchirichi* en Italie, *cocorococo* au Portugal, *kuckeliku* en Suisse, *ake-e-ake-ake* en Thaïlande ou *kokekokko* au Japon !

Chapitre 5

Les subordonnées

Dans ce chapitre :
- Repérez les subordonnées
- Trouvez leur fonction

*U*ne phrase n'est pas toujours simple ! Et rien à voir avec le fait qu'elle soit compliquée… Non, quand une phrase n'est pas simple, elle est dite complexe. Et à partir de quand est-elle appelée complexe ? À partir du moment où elle contient deux **verbes** qui possèdent chacun un **sujet**.

Tu vas bien ? est une ***phrase simple*** : elle ne contient qu'un seul **verbe** conjugué.

*Anaximandre, **voudrais**-tu dessiner un orignal fuligineux à la sclérotique céladon pour ta bisaïeule Antoinette-Ludivine de La Courtepointe ?* est aussi une **phrase simple** (si si !) : elle ne contient qu'un seul **verbe** conjugué.

*Je **pense** que tu **vas** bien.* est en revanche une **phrase complexe** : elle contient deux **verbes** conjugués qui ont chacun leur propre **sujet**.

Dans une phrase complexe, chaque **verbe** conjugué est le pivot d'une **proposition** : il y a la **proposition principale** (celle qui commande), et la **proposition subordonnée** (qui ne peut pas fonctionner seule et dépend de la première).

On repère plusieurs types de **subordonnées**, mais chacune a ces mêmes particularités :

- elle a son propre **sujet** et son propre **verbe** ;
- elle fonctionne en relation avec une **proposition principale** ;
- elle est complément de la **proposition principale** ;

- elle est introduite par un **subordonnant** (à part s'il s'agit d'une **proposition infinitive** ou **participiale**).

Les subordonnées relatives

Repérage

La subordonnée relative est introduite par un pronom relatif : *qui, que, quoi, dont, où, lequel…*

Fonctions

Elle est le plus souvent **complément de l'antécédent** (c'est-à-dire du « nom qui vient avant ») de la principale. *Le livre que je lis est remarquable* : « que je lis » est une **subordonnée relative**, **complément** de l'**antécédent** « *livre* ».

Parfois, elle peut être **sujet** (elle n'a alors pas d'**antécédent**) : *Qui aime bien châtie bien* : « *Qui aime bien* » est **sujet** de « *châtie* ».

Les subordonnées conjonctives

Repérage

La **subordonnée conjonctive** est introduite par une **conjonction de subordination** :

- soit *que* ;
- soit *parce que, puisque, comme, vu que, même si, bien que, si bien que, quand, lorsque…*

Fonctions

Elle peut remplir deux fonctions différentes :

- Si elle est introduite par *que*, elle est dite **complétive** et elle est alors **COD** ou **COI** du **verbe** de la **principale** : *Elle pense que tu as raison* : « *que tu as raison* » est une **subordonnée conjonctive**, COD de « *pense* ». *Elle pense à ce que tu lui as dit* : « *à ce que tu lui as dit* » est une **subordonnée conjonctive**, COI de « *pense* ».

Chapitre 5 : Les subordonnées

✔ Si elle est introduite par une autre **conjonction de subordination**, elle est alors **CC** du **verbe** de la **principale** : « ***Parce que je t'aime**, je préfère m'en aller.* » (Barbara, la chanteuse) : « *Parce que je t'aime* » est une **subordonnée conjonctive**, **CC** de **cause** de « *préfère* ». ***Quand tu t'en iras**, pense à fermer la porte* : « *Quand tu t'en iras* » est une **subordonnée conjonctive**, **CC** de **temps** de « *pense* ».

Les subordonnées interrogatives indirectes

Repérage

La **subordonnée interrogative indirecte** est introduite par **où, si, quand, que, qui, à quoi, à qui, de quoi, de qui...** et enclenchée par un **verbe** de questionnement, de souhait ou d'ignorance dans la **principale**. Vous pouvez la transformer en question directe. *Je me demande **comment tu t'appelles** :* « *comment tu t'appelles* » est une **subordonnée interrogative indirecte**, car vous pouvez en faire une question : comment t'appelles-tu ? De même, *Elle ne sait pas **si tu t'en vas*** : t'en vas-tu ?

Fonctions

La **subordonnée interrogative indirecte** est **COD** ou **COI** du **verbe** de la **principale** : « *Je veux savoir **à qui tu parles** quand tu dis cela.* » (*L'Avare*, Molière) : « *à qui tu parles* » est une **subordonnée interrogative indirecte**, **COI** de « *veux savoir* ». *Dis-moi **quand tu reviendras*** : « *quand tu reviendras* » est une **subordonnée interrogative indirecte**, **COD** de « *dis* ».

Interrogation totale et interrogation partielle

On parle d'**interrogation totale** quand la réponse à la question est oui ou non : *Tu as compris ? Venez-vous avec nous ? Vont-ils au cinéma ensemble ?*

Sinon, il s'agit d'**une interrogation partielle** : *Comment va-t-il ? Où allez-vous en vacances ? Quel est ton nom ?*

... Problème : et si on pose la dernière question à Oui-oui, le personnage d'Enid Blyton, s'agit-il d'**une interrogation totale** ou **partielle** ? *Comment t'appelles-tu ? Oui-oui.*

Je vous laisse méditer sur la question...

Les subordonnées infinitives et participiales

Repérage

Les subordonnées infinitives et participiales ont pour point commun d'être conjuguées à un mode non personnel, mais elles nécessitent tout de même d'avoir un **sujet** qui leur est propre. En outre, elles n'ont pas de **subordonnant**. Vous les repérez donc à la forme de leur **verbe**.

*Je regarde **les enfants jouer**.* : *les enfants jouer* peut être compris ainsi : « les enfants qui jouent ». Il s'agit d'une **proposition infinitive** parce que le **sujet** de « *jouer* » (*les enfants*) n'est pas le même que le sujet du **verbe** de la **principale** (*Je*).

*Elle entend **les oiseaux chantant dans le soir**.* : « *les oiseaux chantant dans le soir* » peut être compris ainsi : « les oiseaux qui chantent ». Il s'agit d'une **proposition participiale** parce que le **sujet** de « *chantant* » (*les oiseaux*) n'est pas le même que le sujet du **verbe** de la **principale** (*Elle*).

Fonctions

Les **subordonnées infinitives et participiales** sont toujours **COD du verbe de la principale**. La subordonnée participiale peut aussi, dans certains cas, être **complément circonstanciel**.

Deuxième partie
La fonction

Les outils de la phrase

La fonction, c'est le rôle que le mot joue dans la phrase. Si la nature désigne ce qu'est le mot, la fonction concerne ce qu'il fait, à quoi il sert dans la phrase où il se trouve. Or, cette fonction peut parfois varier pour un même mot. Ainsi, si certaines fonctions sont dévolues à certaines natures, la plupart de ces fonctions peuvent concerner différents types de natures.

Chapitre 6

Le sujet

Dans ce chapitre :
▶ Identifiez un sujet
▶ Sachez où le mettre !

Le **sujet** commande l'action du **verbe**. Pourtant son étymologie le place en dépendance : dans la phrase, les relations entre **sujet** et **verbe** sont en effet des relations de dépendance puisqu'ils dépendent l'un de l'autre. En outre, le **sujet** s'oppose à l'**objet** : en ancien français, le *cas sujet* (par opposition au *cas régime*) concerne tout ce qui se rapporte au **sujet** et à ses **attributs**. On peut dire que le **sujet** est celui qui s'exprime dans la phrase : c'est le point de départ de l'énoncé.

Plusieurs types de mots peuvent être **sujets**.

Le sujet

Natures possibles

Le **sujet** peut être :

- un **nom** : *Ce livre est extraordinaire !*
- un **pronom personnel** : *Il m'a beaucoup plu.*
- un **pronom indéfini** : *Tous m'ont souri.*
- un **pronom interrogatif** : *Lequel est le tien ?*
- un **pronom possessif** : *Le mien est plus joli.*
- un **verbe** à l'infinitif : *Voyager forme la jeunesse.*

- une **subordonnée relative** : *Qui aime bien* châtie bien.
- une **subordonnée conjonctive** : *Que tu aimes* ce livre m'étonne.

Place

Un **sujet** prend traditionnellement place avant le **verbe** qui s'accorde avec lui : *Le soleil rayonne*. Facile, me direz-vous ! Sauf que... ce n'est pas toujours le cas. Il ne faut pas négliger les cas de **sujets inversés**, par exemple :

- dans une interrogation : *Que fait donc le héros à ce moment-là ?* ;
- dans une proposition incise avec un **verbe** de parole, comme pour les dialogues narratifs par exemple : *« Je m'amuse bien ! », s'exclama-t-il.* (et l'on n'oublie pas le « t » qui permet la liaison !) ;
- dans une phrase, par choix de style : *La nuit descend, et déjà resplendissent au loin les étoiles au ciel.*

Sachez distinguer **sujet** grammatical et **sujet** réel ! Car il existe deux sortes de **sujets**. On appelle **sujet** grammatical le **sujet** d'une **proposition** qui ne concerne pas quelque chose de réel et tangible. Il en est ainsi des **pronoms** *il* ou *c'* : *C'est la fête ! Il est important de le dire*. Dans ces deux exemples, le **sujet** souligné commande l'accord du **verbe**, mais il n'est utile qu'à cela : il s'agit de **sujet** grammatical. Le vrai **sujet**, le **sujet** réel, c'est ce dont on parle : *C'est la fête ! Il est important de le dire*. Pour la deuxième, on peut même le vérifier : *Le dire est important*.

Comment pouvez-vous savoir si ce fameux « il » est un **sujet** grammatical impersonnel (donc vide) ou s'il représente un **sujet** personnel ? Remplacez donc le « il » par le prénom de votre choix ! Si ça fonctionne, ce n'est pas un **sujet** grammatical. Par exemple : *Il est content d'être là* : *Jean-Pierre est content d'être là*... Ça marche ! « Il » est donc un **sujet** personnel. En revanche, dans la phrase *Il est utile de lire* : *Jean-Pierre est utile de lire*. cela ne marche pas, « Il » est donc un **sujet** grammatical. CQFD (Ce Qu'il Fallait Démontrer !).

Chapitre 7
Le complément d'objet

Dans ce chapitre :
- Repérez un complément d'objet
- Identifiez sa nature

Il existe trois types de compléments d'objet : le complément d'objet direct (**COD**), le complément d'objet indirect (**COI**) et le complément d'objet second (**COS**).

Le COD

Est **COD** ce qui vient après le **verbe**, et répond à la question « qui ? » ou « quoi ? » Mais attention : c'est bien après le **verbe** qu'il vous faut poser cette question ! Sinon la réponse est **sujet**. Par exemple : *Stéphane raconte une histoire.* C'est la question « Stéphane raconte quoi ? » qui permet de trouver le **COD** : *une histoire*. (Si on demande « Qui raconte une histoire ? », on obtient la réponse « Stéphane » qui désigne le **sujet** !)

Un **COD** peut être un mot de différentes natures. Qu'est-ce qui peut être **COD** ?

Natures possibles du COD

Le **COD** peut être :

- un **nom** : *Anna entonne **une chanson**.*
- un **pronom personnel** : *Je **l'**aime bien.*
- un **pronom interrogatif** : ***Laquelle** préfères-tu ?*
- un **pronom indéfini** : *Elle apprécie **chacun** différemment.*

- un **pronom possessif** : *Tu as pris **le mien** !*
- un **verbe** à l'infinitif : *Il adore **nager**.*
- une **subordonnée conjonctive** (complétive) : *Je pense **que tu devrais partir**.*
- une **subordonnée interrogative indirecte** : *Elle se demande **si tu vas bien**.*
- une **proposition infinitive** : *Il regarde **les oiseaux voler**.*

Le COI

Est **COI** ce qui vient après le **verbe** et répond à la question « à quoi ? » ou « à qui ? ». Comme le **COD**, il appartient à ce qu'au Moyen Âge on désignait sous le terme de « ***cas régime*** » pour le différencier du « ***cas sujet*** ». Attention, contrairement à une (fausse) idée reçue, il ne répond pas à la question « qui » quand le **COD** répondrait à la question « quoi » ! Le « I » de **COI** correspond en effet à « indirect » : c'est un **complément d'objet indirect**, c'est-à-dire qu'il passe par la médiation d'une **préposition** : la question que vous posez pour le trouver est donc bien **à** qui ? **à** quoi ? **de** qui ? **de** quoi ? etc.

Des mots de différentes natures peuvent être **COI**. Qu'est-ce qui peut être **COI** ?

Natures possibles du COI

Le **COI** peut être :

- un **nom** : *Il parle **à son fils**.*
- un **pronom** : *Il **lui** parle.*
- un **verbe** à l'infinitif : *Il songe **à partir**.*
- une **subordonnée conjonctive** : *Il pense **à ce que tu as fait**.*
- une **subordonnée interrogative indirecte** : *Il veut savoir **à qui tu parles**.*

Le COS

C'est un **COI**, mais il a pour particularité de n'arriver qu'en deuxième position : après un **COD**, ou après un autre **COI**. On l'appelle donc **complément d'objet second**, à cause de cette position particulière dans la phrase.

Natures possibles du COS

Le **COS** peut être :

- un **nom** : *Il parle de son aventure **à son fils**.*
- un **pronom** : *Il **lui** parle de son aventure.*
- un **verbe** à l'infinitif : *Il passe son temps **à rêver**.*
- une **subordonnée interrogative indirecte** : *Il demande à son ami **à qui il parle**.*

Chapitre 8

Les autres compléments du verbe

Dans ce chapitre :
▶ Reconnaissez le complément circonstanciel
▶ Identifiez le complément d'agent
▶ Trouvez leur nature

Il existe deux autres types de compléments du verbe : le complément circonstanciel et le complément d'agent.

Le complément circonstanciel

Il indique les circonstances dans lesquelles se passe l'action : le lieu, le temps, la manière, le but, la cause, la conséquence, l'opposition, le moyen… Contrairement au **COD** ou au **COI**, vous pouvez le supprimer la plupart du temps sans que cela porte atteinte à la cohérence grammaticale de la phrase.

Plusieurs types de mots peuvent être **compléments circonstanciels**.

Natures possibles du CC

Le **CC** peut être :

✔ un **nom** ou un **groupe nominal** : *Une nuit, il rêva d'elle…*

✔ un **pronom** ou **un groupe pronominal** : *Devant toi, tu peux admirer le panorama.*

- un **adverbe** : *Doucement, le jour se lève.*
- une **subordonnée conjonctive** : *Parce que je t'aime, je t'attends avec impatience.*
- une **subordonnée participiale** : *La voie (étant) dégagée, ils s'y engouffrèrent.*
- un groupe verbal à l'**infinitif** : *Avant de dormir, nous lisons deux pages de ce livre.*
- un **verbe** au **gérondif** : *En lisant, j'améliore mon orthographe.*

Le complément d'agent

Le **complément d'agent** est celui qui agit, qui fait l'action. Pourquoi n'est-il pas **sujet**, alors ? nous direz-vous. Eh bien parce qu'il se trouve toujours dans une phrase qui possède déjà un **sujet** ! Sauf que ce **sujet**-là ne prend pas complètement en charge l'action du **verbe** : il la subit. Ainsi le **verbe** s'accorde-t-il avec lui, mais le véritable **sujet** en est le **complément d'agent**. Cela vous semble obscur ? Prenons un exemple : *La fleur est cueillie **par le botaniste**.* : « par le botaniste » est **complément d'agent**, parce que c'est bien le botaniste qui cueille la fleur. C'est lui qui fait l'action. En contrepartie, la fleur subit l'action, tout **sujet** qu'elle soit !

Un **complément d'agent** n'est pas toujours un **nom** commun.

Natures possibles du complément d'agent

Le **complément d'agent** peut être :

- **un nom commun** : *La souris a été mangée **par le chat**.*
- **un nom propre** : *La souris a été mangée **par Minou**.*
- **un pronom personnel** : *Ces décorations ont été faites **par elles**.*
- **un pronom indéfini** : *La loi doit être appliquée **par chacun**.*
- **un pronom interrogatif** : ***Par qui** a été réalisé le spectacle ?*
- **un pronom démonstratif** : *Le spectacle a été réalisé **par celui-ci**.*
- **un pronom possessif** : *Il est très entouré **par les siens**.*

Chapitre 8 : Les autres compléments du verbe

✔ **une proposition** : *Il a été remercié **par tous ceux qu'il avait aidés**.*

Le **complément d'agent** ne s'emploie qu'à la forme passive, forme où le **sujet** subit l'action. Il peut être supprimé : *Le feu a été circonscrit **par les pompiers**./Le feu a été circonscrit.*

Il est introduit par ***par*** ou ***de*** : *Il est aimé **de tous**. Il est très apprécié **de ses lecteurs**.*

Chapitre 9

L'attribut et l'épithète

Dans ce chapitre :
- Repérez l'attribut
- Reconnaissez l'épithète

L'attribut

L'**attribut** se rapporte au **sujet** ou au **COD**. Il précise une qualité qui se rapporte à l'état de ce **sujet** ou de ce **COD** : ainsi est-il séparé du sujet par un **verbe** dit d'état (c'est-à-dire équivalent à être), et ce même **verbe** est-il implicite dans le cas d'un **attribut du COD**.

Exemple d'**attribut du sujet** : *Ils sont heureux.* L'**adjectif** « *heureux* » se rapporte à « *ils* », et il en est séparé par un **verbe d'état** : ici, le **verbe être**, mais il pourrait s'agir de **rester, demeurer, paraître, sembler, devenir, passer pour**…

Exemple d'**attribut** du **COD** : *Le chanteur juge ses paroles assez **touchantes** pour émouvoir le public.* L'**adjectif** « *touchantes* » est **attribut** du **COD** « *paroles* » : *Le chanteur juge* [que] *ses paroles* [sont] *assez touchantes*… Comme vous le voyez, le **verbe** *être* est ici implicite. L'**attribut du COD** est motivé par un **verbe** exprimant un jugement, une croyance ou un changement d'état (***juger, croire, imaginer, trouver, nommer***…).

Natures possibles de l'attribut

L'**attribut** peut être :

- un **nom** ou un **groupe nominal** : *Il est **de bonne humeur**. Elle est **en colère**. Cette maison est **à l'abandon**. Sa coiffure est encore **à la mode**.*
- un **pronom interrogatif** : ***Quelle** était la couleur de sa robe ?*
- un **pronom indéfini** : *La victoire était **à tous**. La fierté est pour **chacun**.*
- un **pronom personnel** : *Ce livre est **à moi**.*
- un **pronom possessif** : *Cet ouvrage est **le mien**.*
- un **pronom démonstratif** : *Le stylo que je veux est **celui-ci** !*
- un **adjectif** : *Sa robe était **blanche** sur fond rose.*
- une **proposition subordonnée** : *L'important était **qu'elle l'avait remarqué**.*
- un **infinitif** ou un **groupe infinitif** : *Cela reste **à prouver**. La consolation était à présent de **rêver d'elle**.*
- un **adverbe**, quand il est pris adjectivement : *Tout est **bien** ainsi. Cela fait longtemps qu'ils sont **ensemble**.*

À savoir

L'**attribut** divise les grammairiens : parfois, certains estiment qu'il s'agit d'un **attribut** quand d'autres l'analysent comme un **sujet réel**. Par exemple, dans les deux dernières phrases citées, et notamment *La consolation était à présent de rêver d'elle.* : soit le segment souligné est analysé comme un **attribut du sujet**, soit il l'est comme le **sujet réel** de la phrase (*Rêver d'elle était à présent la seule consolation.*) Attendons qu'ils se décident pour en décider nous-mêmes !

L'épithète

L'**épithète** donne une information sur le **nom** qu'elle suit ou précède : si elle le suit de près, elle est dite **liée** ; si elle en est séparée par une virgule, on l'appelle **détachée**. Elle peut être ôtée sans que le sens de la phrase en soit vraiment changé. Enfin, on parle d'**adjectif épithète**, certes, mais quand le mot **épithète** est seul on dit : *une* **épithète**.

Nature de l'épithète

L'**épithète** ne peut être que... un **adjectif** : *Repu, le chat **tigré** s'endort.*

Chapitre 10

Les compléments du nom et de l'adjectif

Dans ce chapitre :
- Identifiez une apposition
- Repérez le complément du nom
- Reconnaissez le complément de l'adjectif

L'apposition

L'**apposition** apporte un complément d'information à un nom, tout en gardant la même identité : c'est une sorte de doublure – celle qui apporte tout son confort au manteau ! Elle est souvent séparée du **nom** par une virgule, mais pas toujours. Par exemple : *Vladimir Nabokov, **grand écrivain du XXe siècle**, a écrit une œuvre remarquable.* : dans cette phrase, « grand écrivain du XXe siècle » est mis en **apposition** à « Vladimir Nabokov » et apporte au **nom** une précision mais les deux désignent la même personne. Il en est de même dans une phrase comme : *Petite fille, elle adorait déjà dessiner.* où « petite fille » est mis en **apposition** au **pronom personnel sujet** « elle ».

Natures possibles de l'apposition

L'**apposition** peut être :

- un **nom** ou un **groupe nominal** : *Viviane, **la fée**, est un personnage des légendes celtiques.*
- un **pronom** : *Le chanteur doit signer **lui-même** les autographes.*

Deuxième partie : La fonction

- une **proposition subordonnée** : *J'entretiens l'espoir que je vais arriver au bout de ce livre.*
- un **infinitif** : *Je nourris le rêve d'y parvenir à temps.*

Bien qu'elle soit souvent séparée du nom par une virgule, l'**apposition** n'est pas une fonction adjectivale et vous ne devez pas la confondre avec l'**épithète détachée** qui, elle, est toujours un **adjectif**.

Petit, Guy aimait grimper aux arbres. : **adjectif, épithète détachée** de « *Guy* ».

Enfant, Guy aimait grimer aux arbres. : **nom, apposition** à « *Guy* ».

Le complément du nom

Comme son nom l'indique, ce complément complète un **nom** : il lui apporte une précision, souvent d'appartenance (mais pas toujours).

Natures possibles du complément du nom

Le **complément du nom** peut être :

- un **groupe nominal** : *Des souvenirs **d'enfance**. La grammaire **pour les Nuls**. Le français **sans peine**. Un serpent **à sonnette**.*
- un **pronom personnel** : *L'ombre **de toi-même**. La vie **sans toi**. Un lieu **à soi**.*
- un **pronom indéfini** : *C'est notre maître **à tous**.*
- un **pronom interrogatif** : ***De quoi** est-il le spécialiste ?*
- un **pronom démonstratif** : *Tu étais un ami **de celui-ci**.*
- un **pronom possessif** : *C'est le chef **des nôtres**.*
- un **infinitif** : *Le bonheur **d'aimer**. La permission **pour sortir**.*
- un **adverbe** : *Des chansons **de jadis**, **pour les enfants**, **avec les paroles**.*
- une **proposition relative** (le **nom** est alors appelé **antécédent**, car il est placé juste avant – de *ante* = avant en latin) : *Le livre **que tu as fini de lire**, et **dont tu m'as parlé**, peux-tu me le prêter ?*

À part dans le cas de la **proposition relative**, qui est introduite par un **pronom relatif**, le **complément du nom** est introduit par une **préposition**, la plupart du temps *à, avec, dans, de, par, pour, sans, sur.*

 On ne dit pas *C'est une amie **à** ma sœur* mais *C'est une amie **de** ma sœur.*

Le complément de l'adjectif

Le **complément de l'adjectif** apporte une précision supplémentaire sur **l'adjectif**, qui lui-même apporte une précision supplémentaire sur le **nom**... c'est dire si on entre là dans l'art de la précision ! Alors, soyons précis sur les natures possibles du **complément de l'adjectif**...

Natures possibles du complément de l'adjectif

Le **complément de l'adjectif** peut être :

- un **groupe nominal** : *Il est heureux **de son cadeau**.*
- un **pronom personnel** : *Je suis ravi **pour toi** !*
- un **pronom indéfini** : *Elle est attentive **à chacun**.*
- un **pronom interrogatif** : ***De quoi** est-il soucieux ?*
- un **pronom démonstratif** : *Tu étais proche **de celui-ci**.*
- un **pronom possessif** : *Il est attentif **aux siens**.*
- un **adverbe** : *Elle est **très** triste.*
- un **infinitif** : *Il est déçu **de partir**.*
- une **proposition subordonnée** : *Je suis contente **que cela t'ait plu**.*

Comme le **complément du nom**, le **complément de l'adjectif** a besoin d'une **préposition** pour l'introduire ; ou d'une **conjonction de subordination** lorsqu'il s'agit d'une **proposition subordonnée**.

Troisième partie
La conjugaison

L'état ou le cœur de l'action

Le **verbe**, étymologiquement c'est la parole : c'est-à-dire, plus que le noyau de la phrase, sa source même ! Il existe même des phrases impératives qui se composent en tout et pour tout d'un seul **verbe** : *Regarde ! Chantons ! Applaudissez !* Car un **verbe** peut aussi bien dire l'état (c'est le cas des verbes synonymes d'*être*) que l'action. Pourtant, la **conjugaison** ne va pas de soi : riche d'un passé vivant qui subsiste en elle par des lettres fossiles souvent uniquement justifiables par le recours à une savante étymologie, pleine d'exceptions et reposant sur un choix pléthorique de **modes** et de **temps**, elle peut se changer en terrible casse-tête pour certains… d'autant plus qu'on l'utilise tous dès qu'on veut écrire ou parler. Tentons donc d'en aplanir les difficultés !

Chapitre 11
Définir les « groupes »

Dans ce chapitre :
▶ Différenciez les trois groupes
▶ Éclaircissez le cas des auxiliaires
▶ Débusquez les verbes défectifs

*E*n français, la conjugaison s'organise en trois groupes. Il est indispensable pour vous de toujours commencer par identifier l'appartenance à un de ces trois groupes du **verbe** que vous hésitez à orthographier ou conjuguer ! C'est, en effet, son appartenance à l'un ou l'autre de ces trois groupes qui va déterminer sa conjugaison et son orthographe. Or, vous savez qu'un **verbe** appartient à l'un ou l'autre de ces trois groupes grâce à l'observation de sa terminaison : les **verbes** du **premier groupe** se terminent en *–er*, les **verbes** du **deuxième groupe** en *–ir* (avec un **Participe présent** en *–issant*), quant au **troisième groupe**, il accueille tous les laissés-pour-compte à la conjugaison aussi créative qu'exceptionnelle ! (… dans le sens de « riche en exceptions », à notre grand dam !)

Trois groupes

Un **verbe** se compose de deux parties : le **radical** et la **désinence**. Une fois que vous avez identifié le **radical** (c'est ce qui ne change pas dans un **verbe**, ou, du moins, le moins possible…), il s'agit de lui trouver sa bonne **désinence**, c'est-à-dire sa terminaison. Elle dépend de la personne, du mode, du temps, de la voix, mais surtout du groupe !

1ᵉʳ groupe : –er

Dans ce 1ᵉʳ groupe se rangent tous les **verbes** dont l'**infinitif** se termine par *–er*. C'est un groupe qui s'enrichit régulièrement de nouvelles formes, puisque dès qu'on transforme un **nom** en **verbe** on utilise spontanément la formation de ce groupe-là. Un véritable réceptacle à néologismes ! Et puis *aimer*, *chanter*, *rêver* sont des verbes du 1ᵉʳ **groupe**. Cela dit, *crier* et *pleurer* aussi ; comme quoi...

2ᵉ groupe : –ir (–issant)

Le 2ᵉ **groupe** accueille les **verbes** qui se terminent en *–ir*, mais pas tous : uniquement ceux dont le **Participe présent** s'achève en *–issant*. On y trouve *finir, languir, périr*... Mais également *éblouir* ou *réjouir*.

3ᵉ groupe : –ir, –oir, –oire, –aire...

Quant au 3ᵉ **groupe**, c'est un peu l'auberge espagnole de la grammaire française (si l'on peut dire) : il y a là les rebelles, les marginaux, les laissés-pour-compte, ceux qui n'ont pas la décence de s'aligner en *–er* ou d'obéir en *–ir*. Et pourtant, ce ne sont pas des **verbes** rares : *pouvoir, dire, aller, faire* appartiennent à ce groupe. D'où l'importance de bien en maîtriser la conjugaison et les accords.

Le cas des auxiliaires

Si les groupes ont leur importance primordiale, ce n'est pas pour autant qu'il vous faut sous-estimer l'usage des **auxiliaires** ! Ils sont si irréguliers, qu'on a coutume soit de les placer d'office dans le 3ᵉ groupe, soit carrément de les mettre à part. Ce sont cependant eux que vous devez savoir identifier et conjuguer avant tout, car ils entrent dans la composition de tous les temps composés des **verbes** : il s'agit de *être* et *avoir*.

Les verbes dits « défectifs »

Enfin, dans ces trois groupes vous trouverez aussi quelques **verbes défectifs**. Qu'est-ce qu'un **verbe défectif** ? C'est un **verbe** qui a un défaut, c'est-à-dire un manque : il peut par exemple ne se conjuguer qu'à la 3ᵉ personne du singulier (*falloir : il faut ; pleuvoir : il pleut ; neiger : il neige…*), ou bien ne pas exister à certains **modes** (comme *pouvoir* à l'Impératif) ou certains **temps** (comme *clore* à l'Indicatif imparfait ou passé simple).

Chapitre 12

Comprendre les « voix »

Dans ce chapitre :
- Reconnaissez la voix active
- Identifiez la voix passive
- Comprenez la voix pronominale

La forme du **verbe** dépend aussi de sa **voix** : c'est la façon dont le **verbe** va exprimer le rôle qui est dévolu au **sujet** dans l'action. Et suivant ce rôle donné au **sujet**, le **verbe** peut changer de forme, donc de **voix**. Ainsi vous pouvez distinguer trois **voix**, où un même **verbe** peut être employé de façon différente : la **voix active**, la **voix passive**, et – parfois considérée comme une extension particulière de la **voix active** – la **voix pronominale**.

La voix active

Dans la **voix active**, le **sujet** accomplit l'action du **verbe**. C'est lui qui agit :

*Un jour, **mon prince** viendra.* Qui est-ce qui viendra ? C'est mon « *prince* ». C'est lui le **sujet** dont le **verbe** développe l'action.

« ***L'homme sain*** *n'écrit pas ; **il** agit et jouit du réel.* » (*Le Fou dans la chaloupe*, G-O. Châteaureynaud) : que fait donc « *l'homme sain* » d'après l'écrivain ? Ses actions : « *ne pas écrire, agir, jouir du réel* ». Le **sujet** là encore fait donc l'action ou les actions.

Pour peu que le sujet agisse sur quelque chose de clairement nommé, on dit alors que cette chose subit l'action. Il s'agit du complément du **verbe**, et plus précisément son **COD**.

Ma mère mange une tartine.

« *Ma mère* » est le sujet de l'action : la « *tartine* » est le complément, elle subit l'action ; elle ne se défend pas ! C'est son destin de tartine et elle le sait...

Le rossignol entonna son chant.

Ici encore, le sujet (*Le rossignol*) fait l'action (il commence à chanter !) : « *son chant* » est le **complément**, et subit l'action (et là, nous écoutons admiratifs...).

La voix passive

Dans la **voix passive**, il y a un retournement, non pas seulement de situation, mais d'importance. En effet, le **sujet** de la **voix active** devient dans la **phrase passive** un **complément d'agent** : il agit toujours, mais ce n'est plus lui qui influence l'accord du **verbe**. Le rôle de **sujet grammatical** est joué par le **complément** de la **voix active**, qui devient ici **sujet** du **verbe** au passif. *Une tartine est mangée **par ma mère**. L'élève fut félicité **par le professeur**.*

Admettez que c'est une curieuse forme puisque c'est le **complément** qui effectue l'action exprimée par le **verbe** !

Vous remarquez aussi que le **verbe** change : il se conjugue à une forme composée avec l'aide du bien nommé **auxiliaire être**. Il existe une conjugaison particulière au **passif**, où le **temps** du **verbe** est en fait celui auquel est conjugué l'**auxiliaire** : ainsi « *est mangée* » est du **Présent passif** (et non du **Passé composé actif**), que l'on identifie parce que l'**auxiliaire** « *est* » est au **présent** ; et, de même, « *fut félicité* » est au **Passé simple passif** (et non au **Passé antérieur actif**), parce que « *fut* » est du **Passé simple**.

Ne confondez pas les **conjugaisons** de la **voix passive** et celles de la **voix active** !

Plusieurs petites astuces peuvent vous permettre de faire la différence :

- D'abord le sens de la phrase, bien sûr ! *Mon père a chanté une chanson.* : le **sujet** est clairement **actif,** et donc la forme de la phrase aussi. *Une chanson a été chantée par mon père.* : le **sujet** du **verbe** n'effectue pas l'action, la forme est donc évidemment **passive**.

- Ensuite, s'il s'agit de l'**auxiliaire** *avoir*, ce sera forcément une **forme active**, puisque la **forme passive** se construit avec l'**auxiliaire** *être*. *Il a pris son dictionnaire. Il avait ouvert la fenêtre.* sont à la **voix active**. En revanche, *La fenêtre avait été ouverte.* est bien conjugué avec l'**auxiliaire** *être* (au **Plus-que-parfait**) donc on peut se demander si c'est une **voix passive**, et en effet c'en est une : *La fenêtre avait été ouverte par le jeune homme.*

- En outre, certains **verbes** ne se mettent jamais au **passif** : ceux qui n'ont pas de **complément d'objet direct**, et certains comme *arriver, partir, rester, venir*... *Ils sont arrivés par le train* est bien du **Passé composé actif**, malgré le **complément** introduit par « *par* » qui pourrait faire penser à un **complément d'agent** : il s'agit en fait ici d'un **complément de moyen**.

- On peut aussi tenter d'y ajouter un **complément d'agent** : *Le feu a été éteint... par les pompiers.* S'il est possible d'y accoler un **complément d'agent**, la phrase est donc **passive**.

- Enfin, mettre le **verbe** au **Passé composé actif** permet d'identifier une **voix** en dernier recours : *Il est mangé.* : **Présent passif** ou **Passé composé actif** ? Au **Passé composé actif**, la forme est *Il a mangé*, donc *Il est mangé* est bien du **Présent passif**.

- Dernière petite astuce, quand il y a trois « **verbes** » (en réalité deux **auxiliaires** et un **verbe** au **Participe passé**), c'est toujours un **passif**. Par exemple : *Il a été puni. Elle avait été applaudie. Nous aurions été émus.* Certes, ça ne fonctionne que pour des formes déjà composées à l'**actif**, mais une nouvelle astuce est toujours précieuse !

La voix pronominale

Vous pouvez reconnaître la **voix pronominale** à son inévitable doublement du **pronom personnel** par le **pronom réfléchi se**. Elle parvient ainsi à rendre son **sujet actif** et **passif** à la fois. Par exemple, dans une phrase comme *Elle se coiffe les cheveux.*, le **sujet** « elle » effectue l'action de coiffer, mais il la subit aussi puisque c'est sur lui-même que l'action est effectuée : *Elle* coiffe ses cheveux, mais « *elle* » est aussi coiffée par elle-même.

Faites attention cependant, la présence du **pronom réfléchi se** ne vous suffira pas à identifier un **verbe pronominal** : il faut aussi que ce **pronom réfléchi** évoque la même personne que le **sujet** du **verbe**. Ainsi, *Il se lave* : le **pronom personnel** « *se* » correspond à la même personne que « *il* », donc il s'agit bien du **verbe pronominal** « se laver ». En revanche, dans la phrase *Il me lave.*, le **pronom personnel** « *me* » ne désigne pas la même personne que « *il* » mais un tiers, il ne s'agit donc pas du **verbe pronominal** « se laver » mais du **verbe** « laver » employé avec un **COD**.

Quatre types de verbes pronominaux

Sachez-le, il existe quatre types de **verbes pronominaux**.

Les verbes pronominaux de sens réfléchi

Le **verbe pronominal** est de sens réfléchi quand l'action effectuée par le **sujet** se « réfléchit » sur lui, qu'il profite (en bien ou en mal) de ses répercussions. Le **pronom réfléchi** est alors **COD**.

Il se lave. : Il se lave lui-même. *Nous **nous** maquillons.* : Nous nous maquillons nous-mêmes.

Les verbes pronominaux de sens réciproque

Le **verbe pronominal** est de sens réciproque quand plusieurs **sujets** effectuent une action qui affecte l'autre ou les autres. En général, vous pouvez d'ailleurs ajouter « l'un avec l'autre » ou « l'un contre l'autre » ou encore « ensemble » à la phrase.

*Ils **se** battent* (l'un contre l'autre). *Vous **vous** disputez* (ensemble).

Vous rencontrez aussi cette forme avec le sujet ***on***, qui est dans ce cas **pronom indéfini** comme **pronom personnel** (cela dépendant du contexte, s'il s'agit d'un « on » général ou si celui-ci remplace « nous »).

*On **se** regarde, on **se** parle, on **s'**aime, on **se** quitte...*

Les verbes pronominaux essentiellement pronominaux

Le **verbe pronominal** est dit essentiellement pronominal quand il ne s'emploie pas autrement qu'avec un **pronom réfléchi**. Ce **pronom** n'a alors aucune fonction spécifique. Voici quelques exemples de **verbes** essentiellement pronominaux : ***s'absenter, se blottir, se démener, s'extasier, se fier...*** Exemples d'emplois : *Ils s'insurgent contre l'ignorance généralisée ! Tu te pavanes outrageusement. Vous vous gourez complètement !* (Oui, ne soyez pas choqués, la liste comprend aussi certains **verbes** familiers...)

Les verbes pronominaux de sens passif

Le **verbe pronominal** est dit de sens passif quand il exprime une **voix passive** et que la phrase est exempte de **complément d'agent**.

Le commerce se porte bien. (Il est « bien porté » par qui ?).

Une conjugaison particulière

La **voix pronominale** peut se conjuguer aux mêmes temps simples et composés que les **verbes** non pronominaux. Cependant, quelques détails lui sont propres !

- Aux temps simples, la base est la **voix active** du **verbe**, à laquelle on ajoute le **pronom réfléchi** *se* décliné suivant le **sujet** : *Je **me** lave, Tu **te** couches, Il **se** coiffe, Nous **nous** regardons, Vous **vous** écoutez, Elles **se** disputent.*

- Aux temps composés, la **voix pronominale** utilise exclusivement l'**auxiliaire** *être* : *Je me **suis** lavé(e), Tu t'**es** couché(e), Il s'**est** coiffé, Nous **nous** sommes regardé(e)s, Vous **vous** êtes écouté(e)s, Elles se **sont** disputées.*

Un accord délicat

La **voix pronominale** devient délicate à accorder quand elle est à un temps composé, parce que s'y mêle la règle de l'accord du **Participe passé** avec le **COD**. Vous nous objecterez – attentifs que vous êtes – que la **voix pronominale** ne se compose qu'avec l'**auxiliaire *être***, alors que la règle de l'accord du **Participe passé** ne devient problématique qu'à partir du moment où il est employé avec l'**auxiliaire *avoir***. Certes ! Mais justement, avec un **verbe pronominal**, cet **auxiliaire *être*** acquiert la valeur de l'**auxiliaire *avoir***. Eh oui ! Par exemple : *Je me suis amusé(e)* signifie *J'ai amusé moi* ; *Tu t'es surpassé(e)* signifie *Tu as surpassé toi*...

Du coup, on distingue deux grandes tendances :

- *Le verbe pronominal n'a pas d'autre COD que le pronom réfléchi :* dans ce cas, le **Participe passé** du **verbe pronominal** s'accorde avec le **pronom réfléchi COD** placé avant l'**auxiliaire** (voir la règle de l'accord du **Participe passé** employé avec *avoir*...), qui représente de toute façon la même personne que le **sujet** de l'**auxiliaire** *être* – on peut donc simplifier en disant que le **Participe passé** s'accorde avec le **sujet**, tout simplement : *Les **filles** se sont bien amus**ées**.*

- *Le verbe pronominal a un COD :* dans ce cas-là, le **pronom réfléchi** devient **COI**, ou plus exactement **COS**, et le **Participe passé** ne s'accorde plus avec lui : *Les filles se sont lavées :* Les filles ont lavé qui ? Elles. Dans ce cas, le **Participe passé** s'accorde avec le **COD** « *se* » placé avant l'**auxiliaire**, ou plus simplement avec le **sujet** (le résultat est le même !).

Les filles se sont lavé les mains : Les filles ont lavé quoi ? Leurs mains. Le **Participe passé** est placé après le **COD**, il n'y a donc pas d'accord du premier avec le deuxième ! (et le **pronom réfléchi** devient une sorte de **COI/COS** : à qui ? du coup le **Participe passé** ne peut plus s'accorder avec lui).

Autres exemples : *Ma fille s'est coiffée./Ma fille s'est coiffé les cheveux. Les garçons se sont écorchés./Les garçons se sont écorché les pieds sur les rochers.*

Dans certains cas, le **pronom réfléchi** « *se* » n'est pas **COD** mais **COI**. Il n'y a donc pas d'accord du **Participe passé** avec lui, tout placé avant l'**auxiliaire** qu'il soit. Par exemple :

Ces hommes se sont parlé. : *Ces hommes ont parlé à qui ? À eux-mêmes.*

Alexandra s'est permis de lui répondre. : *Alexandra a permis à qui ? À elle-même.*

Nous insistons sur le deuxième exemple, parce que l'erreur est courante d'entendre une femme dire « *Je me suis permise* » croyant bien faire l'accord alors qu'il s'agit d'un énorme solécisme (n'ayons pas peur des mots exacts !), le mieux étant toujours l'ennemi du bien même en grammaire...

Chapitre 13

Identifier les « modes »

Dans ce chapitre :
- Retenez les spécificités de chaque mode
- Résolvez quelques difficultés d'usage

Les **modes** sont au nombre de six : on compte deux **modes** personnels, c'est-à-dire avec un **pronom sujet** exprimé (dans le cas de l'**Impératif**, il est seulement exprimé par la terminaison du **verbe**, mais il est là tout de même !), et deux **modes** impersonnels. Ce sont les **modes** qui organisent le jeu des **temps**.

L'Indicatif

L'**Indicatif** est le **mode** qui indique l'action, le fait, l'état. C'est le **mode** que vous utilisez pour l'énonciation et l'interrogation.

Comment vas-tu ? Tu vas bien ? Je suis en pleine forme !

Il comporte huit **temps** :

- ✔ Quatre **temps** simples : le **Présent** (*Je chante/Je finis/Je pars*), le **Futur simple** (*Je chanterai/Je finirai/Je partirai*), le **Passé simple** (*Je chantai/Je finis/Je partis*), l'**Imparfait** (*Je chantais/Je finissais/Je partais*).

- ✔ Quatre **temps** composés : le **Passé composé** (*J'ai chanté/J'ai fini/Je suis parti(e)*), le **Futur antérieur** (*J'aurai chanté/J'aurai fini/Je serai parti(e)*), le **Passé antérieur** (*J'eus chanté/J'eus fini/Je fus parti(e)*), le **Plus-que-parfait** (*J'avais chanté/J'avais fini/J'étais parti(e)*).

Le cas du **Futur proche** :

On appelle **Futur proche** une forme essentiellement orale qui exprime une action en projet, qui doit se réaliser dans peu de temps. Elle se compose du verbe *aller* conjugué au **Présent** de l'**Indicatif**, auquel on ajoute le **verbe** souhaité à l'**Infinitif**.

Tu vas venir demain ? Elle va bientôt partir... Je vais aller la voir !

Le Conditionnel

Certains linguistes le considèrent comme un **mode** à part entière, d'autres le placent comme une subdivision de l'**Indicatif**. C'est le **mode** de l'irréel, de l'imaginaire, du fait soumis à une condition.

*Elle **serait** heureuse si tu pouvais venir. Nous **aurions** été déçus de ne pas te voir.*

Il comporte trois **temps** :

- un **temps** simple : le **Conditionnel présent** (*Je chanterais/Je finirais/Je partirais*) ;
- deux **temps** composés : le **Conditionnel passé** (*J'aurais chanté/J'aurais fini/Je serais parti(e)*), et le **Conditionnel passé 2ᵉ forme** (*J'eusse chanté/J'eusse fini/Je fusse parti(e)*).

Le Subjonctif

Le **Subjonctif** est le mode des propositions (dans le sens de « proposer quelque chose »), il flirte avec l'irréel – quand il ne remplace pas les injonctions de l'**Impératif** pour les personnes qui n'y sont pas exprimées (essentiellement les 3ᵉˢ personnes du singulier et du pluriel). Vous l'utilisez bien plus que vous ne le pensez !

Pourvu qu'il neige ! : c'est un souhait qui n'est pas réalisé, et pour lequel celui qui parle ne s'engage pas. Ainsi que dans une exclamation comme : *Qu'il se taise !* où le locuteur ne fait rien pour arranger les choses... !

Je veux que tu m'obéisses. : dans ce cas, il s'agit plutôt d'un ordre, qu'on pourrait rendre à l'**Impératif** par *Obéis-moi !* Dans les deux cas, il ne s'agit pas de réalité mais de propositions pour que les choses se passent d'une certaine façon.

Le **Subjonctif** comporte quatre **temps** :

- ✔ deux **temps** simples : le **Subjonctif présent** (*Que je chante/Que je finisse/Que je parte*), le **Subjonctif imparfait** (*Que je chantasse/Que je finisse/Que je partisse*) ;
- ✔ deux **temps** composés : le **Subjonctif passé** (*Que j'aie chanté/Que j'aie fini/Que je sois parti(e)*), le **Subjonctif plus-que-parfait** (*Que j'eusse chanté/Que j'eusse fini/Que je fusse parti(e)*).

L'Impératif

Vous choisissez spontanément l'**Impératif** pour exprimer un ordre, un souhait ou une défense. Il ne compte cependant que trois personnes : 2ᵉ personne du singulier (tu), 1ʳᵉ personne du pluriel (nous) et 2ᵉ personne du pluriel (vous). Il se conjugue sans la présence de **pronom personnel sujet** : la personne est seulement indiquée par la terminaison du **verbe**.

Va-t'en ! Allons-y ! Avancez donc ! Ne dis rien !

Il comporte deux **temps** :

- ✔ un **temps** simple : l'**Impératif présent** (*Chante/Finis/Pars*) ;
- ✔ un **temps** composé : l'**Impératif passé** (*Aie chanté/Aie fini/Sois parti(e)*).

L'Infinitif

L'**Infinitif** est le **mode** qui vous permet d'identifier le groupe auquel appartient le **verbe** et d'ainsi choisir sa conjugaison. Utilisé dans une phrase, il occupe les fonctions du **nom** (**sujet, attribut, COD, COI,** etc.).

Lire permet de s'évader. Tu devrais t'y mettre !

Il comporte deux **temps** :

> ✓ un **temps** simple : l'**Infinitif présent** (*chanter/finir/partir*) ;
>
> ✓ un **temps** composé : l'**Infinitif passé** (*avoir chanté/avoir fini/être parti(e)*).

Le Participe

Le **Participe** est un **mode** impersonnel que vous pouvez utiliser comme un **verbe**, ou comme un **adjectif** (avec un bémol quant à ses accords : voir la partie sur l'**adjectif verbal** !).

Participe présent ou adjectif verbal ?

Le **Participe présent** est invariable. Il sert à exprimer qu'une action est en train de s'accomplir, souvent parallèlement à une autre que prend en charge le **verbe** conjugué de la phrase.

Amenant *l'enfant avec elle, elle alla voir le médecin.*

*Je l'ai surprise, **s'agitant**.*

(Notez toutefois qu'il est peu employé à l'oral, où on lui préfère des formes comme « en train de » : *Je l'ai surprise en train de s'agiter.*)

Parfois même, il possède son propre **sujet** et se retrouve alors à former avec lui une **subordonnée participiale** :

*Les vacances **s'achevant**, il se prépara pour la rentrée.*

*Les adultes **étant partis**, les enfants se poursuivirent en riant.*

Dans ces deux phrases, « *Les vacances s'achevant* » et « *Les adultes étant partis* » sont des **subordonnées participiales** parce qu'elles possèdent leur propre **sujet**, un **verbe** ici au **Participe présent**, et fonctionnent avec une **proposition principale**.

Chapitre 13 : Identifier les « modes »

Cependant, le **Participe présent** peut aussi devenir **adjectif verbal** : il assume alors les fonctions de l'**adjectif**, et devient même variable par la même occasion !

Ces livres sont amusants. Ses idées sont extravagantes !

Le problème pour vous est alors de l'identifier, puisque l'un s'accorde et pas l'autre. Comment faire ? Vous pouvez tenter de le mettre au féminin, ce qui permet d'entendre l'accord s'il y en a un.

Le soir tombant, je décidai de rentrer : on ne peut pas dire *La nuit tombante* donc *tombant* est ici **Participe présent** et non **adjectif verbal**.

Il devient carrément indispensable pour vous de résoudre le doute de l'identification quand on sait que :

- ✔ Certains **adjectifs verbaux** peuvent aussi se terminer en *–ent* ! Par exemple, *excellant* est un **Participe présent**, mais l'**adjectif verbal** s'écrit *excellent*. De même pour *adhérant/adhérent, émergeant/émergent, influant/ influent, somnolant/somnolent…*
- ✔ Les **adjectifs verbaux** qui proviennent de **verbes** en *–guer* ou *–quer* se différencient eux aussi du **Participe présent** de ces **verbes** : *fatiguant/fatigant, communiquant/communicant…*

Participe présent et Gérondif

Le **Gérondif** est considéré par certains grammairiens comme un mode à part entière. Pourtant, il n'est ni plus ni moins qu'une combinaison du **Participe présent** du **verbe** que l'on fait précéder de *en*.

Il est employé comme **complément circonstanciel** : *En lisant plus souvent, tu amélioreras ton vocabulaire.* : « en lisant » est ici un **complément circonstanciel de condition** : il signifie *Si tu lis plus souvent…*

Voici une erreur fréquente que vous ne commettrez plus jamais ! En effet, le **Gérondif** doit avoir pour **sujet** le même que celui de l'autre **verbe** conjugué de la phrase : *En travaillant ton latin, tu réussiras à améliorer ton orthographe.* est une forme de phrase grammaticalement correcte car le **sujet** de « en travaillant » est bien le même que celui de « *réussiras* ». En revanche, si vous dites *Ton latin améliorera ton orthographe **en y travaillant***., c'est incorrect parce que ce n'est pas le **sujet** « *ton latin* » qui *travaille* mais le « *tu* » qui reste implicite.

La règle de l'accord du Participe passé

Le **Participe passé** peut, lui aussi, être utilisé comme un **verbe** :

- dans la formation des temps composés avec les **auxiliaires** *avoir* ou *être* : *Il a **pris**, Elle a **mangé** un fruit, Nous sommes **partis**…* ;
- dans la composition de la **forme passive** des **verbes**, avec l'**auxiliaire** *être* : *Il a été **vu** avec elle, Vous êtes **rentrés** bredouilles…*

… ce qui ne l'empêche pas de s'accorder comme un **adjectif qualificatif** !

Parfois, il est clairement **adjectif**, et il prend alors les fonctions de l'**adjectif qualificatif** (la seule chose qui vous permet de le différencier alors d'un autre **adjectif qualificatif** est que lui provient d'un **verbe**) :

- **épithète** : *Ces chats **tigrés** sont adorables.* ;
- **attribut** : *Ces chats sont **tigrés**.*

Le **Participe passé** est cependant réputé pour son accord délicat ! Voici comment on peut l'expliquer, et du coup vous permettre (enfin…) de le comprendre :

- Le **Participe passé** employé avec l'**auxiliaire** *être* s'accorde avec le **sujet**. *Elles sont **inscrites** pour le trimestre. Nous sommes **fichus** !*
- Le **Participe passé** employé avec l'**auxiliaire** *avoir* ne s'accorde pas avec le **sujet**. *Elle a **perdu**. Vous avez **fini** ?*
- Le **Participe passé** employé avec l'**auxiliaire** *avoir* s'accorde avec le **COD** s'il est placé avant celui-ci. *Ces chefs-d'œuvre, elle les a **lus**.* : « lus » s'accorde avec le pronom personnel COD « *les* » mis pour « *chefs-d'œuvre* », masculin pluriel. *La fête que j'ai **donnée** s'est très bien **passée**.* : « donnée » s'accorde avec le pronom relatif « *que* » mis pour « *la fête* », féminin singulier.

Chapitre 13 : Identifier les « modes »   87

C'est l'histoire d'un gardien de zoo. Il est midi et il y a un attroupement devant la grille du zoo où une petite pancarte se balance : « *Fermé : Le gardien a été mangé* ». Tout le monde s'affole… jusqu'au moment où le gardien revient et s'étonne : il a seulement été mang**er**…

De l'importance de distinguer un **Participe passé** d'un **Infinitif** ! Un petit truc imparable consiste bien sûr à le remplacer par un **verbe** du 3e groupe pour en entendre la finale (*mordre/mordu, perdre/perdu*…). Mais le mieux reste encore pour le cas du gardien de savoir conjuguer le **verbe aller** : *Le gardien est allé manger* !

Chapitre 14

Utiliser les « temps »

Dans ce chapitre :
- Revoyez les conjugaisons
- Utilisez chaque temps à bon escient

Les temps de l'Indicatif

Les temps simples de l'Indicatif

Le Présent

Terminaisons :

- Au 1er groupe : *–e, –es, –e, –ons, –ez, –ont.*
- Au 2e groupe : *–s, –s, –t, –ons, –ez, –ont.*
- Au 3e groupe : *–s ou –x, –s ou –x, –t, –ons, –ez, –ont.*

Valeurs :

- Le **Présent** d'actualité : c'est le **Présent** avec lequel vous vous exprimez : *Comme il **fait** beau ! Comment **vas**-tu ? Quelle heure **est**-il ?*

- Le **Présent** de narration : c'est le **Présent** dont vous vous servez pour raconter une histoire. Il peut être utilisé dans un récit au **Passé** pour rendre l'action plus vivante, et solliciter l'attention et l'émotion du lecteur : *Soudain, le prince charmant **arrive** au château. Le dragon **se prépare** à l'affrontement...*

- Le **Présent** de vérité générale : c'est un **Présent** intangible, le **Présent** des vérités universelles, celui des règles de grammaire, celui des définitions mathématiques, celui des proverbes et des sentences :

> Le Soleil **est** l'étoile du système solaire, Deux plus deux **font** quatre, On **a** toujours besoin d'un plus petit que soi...
> « C'est extraordinaire à quel point les bêtes se **sentent** seules dans un deux-pièces du grand Paris et combien elles **ont** besoin de quelqu'un à aimer. » (Gros-câlin, Émile Ajar)

L'Imparfait

Terminaisons :

- Au 1ᵉʳ groupe, au 2ᵉ groupe et au 3ᵉ groupe : *–ais, –ais, –ait, –ions, –iez, –aient.*

Valeurs :

- L'**Imparfait** des actions de second plan : c'est la première valeur de l'**Imparfait**, et elle stipule que l'**Imparfait** s'utilise essentiellement pour exprimer des actions longues, dont l'importance est mise au second plan dès qu'un **Passé simple** occupe le premier plan : *J'**étais** étendue sur mon lit et je **lisais**, lorsque le téléphone sonna.* (C'est alors la sonnerie du téléphone qui prend le premier rôle de l'histoire : quel est donc cet appel mystérieux ?)

- L'**Imparfait** de narration : c'est l'**Imparfait** que vous utilisez pour raconter des histoires, afin de mobiliser l'imagination de l'auditoire : *Il **était** une fois...*

- L'**Imparfait** de description : c'est l'**Imparfait** préféré des auteurs réalistes, et des romanciers classiques en général, même des poètes parfois lorsqu'ils se font conteurs : l'**Imparfait** avec lequel on pose le décor.
  « *Le logis **était** propre, humble, paisible honnête...* »
  (« Souvenir de la nuit du 4 », Victor Hugo)

- L'**Imparfait** d'habitude : c'est l'**Imparfait** qui exprime une action habituelle, répétitive, où va apparaître ensuite une action qui à coup sûr sera inattendue :
  « *Tous les matins, il **achetait** son p'tit pain au chocolat...* » (dans cette chanson de Joe Dassin, par exemple, le héros finit par tomber amoureux de la boulangère !) « *Je **m'en allais**, les poings dans mes poches crevées...* » (« Ma bohème », Arthur Rimbaud) : c'est une action récurrente.

Le Passé simple

Terminaisons :

- Au 1ᵉʳ groupe : *–ai, –as, –a, –âmes, –âtes, –èrent.*

✔ Au 2ᵉ groupe : *-is, -is, -it, -îmes, -îtes, -irent.*
✔ Au 3ᵉ groupe : *-is, -is, -it, -îmes, -îtes, -irent* ou *-us, -us, -ut, -ûmes, -ûtes, -urent.*

Valeurs :

Le **Passé simple** est essentiellement utilisé à l'écrit. C'est tellement vrai, que s'il est utilisé à l'oral, c'est avec humour (ou c'est un mauvais effet de traduction dans une série américaine ! Si, et nous pouvons vous citer des exemples…).

✔ Actions de premier plan : le **Passé simple** ne se départ jamais de son inévitable coéquipier : l'**Imparfait**. Ensemble, ils font varier le rythme d'un texte ; et là où l'**Imparfait** se charge de la narration, de la description, des actions longues et donc de l'artillerie lourde bien qu'indispensable, le **Passé simple** lui, léger et sautillant avec ses accords inusités et son joli accent circonflexe à certaines personnes, se charge de l'action de premier plan : *Il était une fois une princesse qui dormait depuis cent ans dans son château vénérable aux poutres vermoulues, quand soudain un charmant prince **vint** la réveiller.*

✔ Actions brèves, soudaines : là où l'**Imparfait** prend son temps, le **Passé simple**, lui, le rattrape : à lui les actions soudaines et brèves : *Il **entra**, se **jeta** sur le lit, et **embrassa** à pleine bouche la princesse endormie* (bon, c'est un peu exagéré, mais c'est pour bien vous faire comprendre !).

✔ Actions limitées dans le temps : le **Passé simple** a aussi pour fonction de présenter des actions limitées dans le temps, et achevées : *L'orage **fut** terrible.* Sous-entendu : il est fini maintenant. *Ils **furent** heureux et n'**eurent** pas d'enfant.* … d'accord, mais depuis, ils sont tous morts !

Le Futur simple

Terminaisons :

✔ Au 1ᵉʳ groupe, au 2ᵉ groupe et au 3ᵉ groupe : *-rai, -ras, -ra, -rons, -rez, -ront.*

Valeurs :

✔ Le **Futur simple** pour évoquer l'avenir : « *Demain, dès l'aube, à l'heure où blanchit la campagne,//Je **partirai**.* » (« Demain dès l'aube », Victor Hugo)

✔ Le **Futur simple** historique : il est utilisé pour raconter un fait passé tout en l'actualisant pour rendre le récit plus vivant ; c'est une sorte de **Futur** journalistique qui énonce un fait souvent connu tout en donnant un fallacieux mais efficace effet de suspense : *Louis XVI **sera guillotiné** le 21 janvier 1793. Charlie Chaplin **tournera** ce film pendant la guerre malgré les risques.* D'accord, au moment où on le lit, on le sait déjà… mais ça fait tout de même son effet, vous ne trouvez pas ?

Les temps composés de l'Indicatif

Le Passé composé

Formation : le **Passé composé** est formé de l'auxiliaire ***avoir*** ou ***être*** au **Présent simple** auquel s'ajoute le **Participe passé** du verbe.

Terminaisons :

✔ Au 1er groupe : **Participe passé** en *–é*.

✔ Au 2e groupe : **Participe passé** en *–i*.

✔ Au 3e groupe : **Participe passé** en *–i, –t, –u…*

Valeurs : le **Passé composé** est un temps de l'oral, ou de l'écrit à vocation oralisée. C'est le temps que vous utilisez quand vous racontez quelque chose ou que vous faites allusion à quelque chose qui s'est passé et qui est révolu, et que vous parlez de cela directement à quelqu'un à l'oral, ou que vous voulez donner cette impression oralisée à l'écrit.

*Ce matin, j'**ai fini** mon livre !* : oral.

*Tu **as vu** ta tête ? Tu **t'es couché** à quelle heure ?* : oral.

« *Longtemps, je **me suis couché** de bonne heure…* » (première phrase de *À la Recherche du temps perdu*, Marcel Proust) : écrit. Cependant, cet écrit est du **Passé composé** parce qu'il s'agit d'une action révolue, et que l'auteur a voulu que son narrateur s'adresse intimement au lecteur.

Le Plus-que-parfait

Formation : le **Plus-que-parfait** est composé de l'auxiliaire **avoir** ou **être** à l'**Imparfait** auquel on ajoute le **Participe passé** du verbe.

Valeur : la valeur du Plus-que-parfait dans un texte est celle d'évoquer, dans un récit au passé, des actions antérieures ; c'est une sorte de passé du passé.

*Hier, j'ai réussi mon examen ; il faut dire que **j'avais bien travaillé** : le fait d'avoir « bien travaillé » est antérieur à « hier ». Le dîner s'avéra parfait : il lui **avait demandé** une grande préparation.* : idem.

Le Passé antérieur

Formation : le **Passé antérieur** est formé de l'auxiliaire **avoir** ou **être** au **Passé simple** auquel on adjoint le **Participe passé** du verbe.

Terminaisons :

- Au 1er groupe : **Participe passé** en *–é.*
- Au 2e groupe : **Participe passé** en *–i.*
- Au 3e groupe : **Participe passé** en *–i, –t, –u…*

Valeurs : le **Passé antérieur** est utilisé pour raconter des événements antérieurs et achevés dans un récit au passé, et plus particulièrement au **Passé simple** : *Quand il **eut achevé** son ouvrage, il fut soulagé. Une fois qu'il **eut fini** de goûter, il monta faire ses devoirs.* C'est un temps réservé à l'écrit.

Le Futur antérieur

Formation : le **Futur antérieur** est construit avec l'auxiliaire **avoir** ou **être** au **Futur simple** auquel on ajoute le **Participe passé** du verbe

Terminaisons :

- Au 1er groupe : **Participe passé** en *–é.*
- Au 2e groupe : **Participe passé** en *–i.*
- Au 3e groupe : **Participe passé** en *–i, –t, –u…*

Valeurs :

- Le **Futur antérieur** d'avenir : la valeur principale du **Futur antérieur** est de situer un fait dans l'avenir avant un autre, au **Futur** aussi mais **simple** : *Quand tu **auras terminé** tes devoirs, tu viendras m'aider* : l'idée est d'abord d'avoir fini, puis de venir aider après.

- Le **Futur antérieur** de bilan : cependant, le **Futur antérieur** vous permet aussi d'exprimer un bilan, un regard sur quelque chose d'accompli ou non après-coup. *Il **aura** tout de même **gagné** ! Elles **auront** finalement **réussi** à la faire, cette manifestation...* On l'appuie d'ailleurs souvent, comme dans ces exemples, d'un **adverbe** pour le renforcer.
- Le **Futur antérieur** d'hypothèse : mais le **Futur antérieur** peut aussi vous servir à exprimer une supposition, dans un récit au passé : *Ils se **seront disputés** et elle **aura fait** une fugue...*

Les temps du Conditionnel

Le temps simple du Conditionnel

Formation : le **Conditionnel présent** est construit à partir du radical du **Futur simple** de l'**Indicatif** auquel s'ajoutent les terminaisons de l'**Imparfait** de l'**Indicatif**.

Terminaisons : **–rais, –rais, –rait, –rions, –riez, –raient.**

Valeurs :

Vous pouvez utiliser le **Conditionnel présent** pour :

- signifier une incertitude : *L'accident **serait dû** à une erreur humaine* (c'est le temps préféré des journalistes !) ;
- atténuer une demande : ***Voudriez-vous** apporter cela la prochaine fois ?* ;
- évoquer un souhait ou un regret : *Tu **aimerais** exercer quel métier, plus tard ?* ;
- exprimer une hypothèse : *Il **devrait** arriver dans peu de temps.* ;
- développer une condition : « *Si j'étais curé, **j'aurais** moi aussi ce problème, je **sentirais** toujours que ce n'est pas vraiment moi qu'on aime. C'est comme ces maris dont on recherche la compagnie parce qu'ils ont une jolie femme.* » (*Gros-câlin*, Émile Ajar).

Les temps composés du Conditionnel

Le Conditionnel passé (1re forme)

Formation : le **Conditionnel passé** 1re forme se compose de l'auxiliaire **avoir** ou **être** au **Conditionnel présent** et du **Participe passé** du verbe.

Terminaisons :

- Au 1er groupe : **Participe passé** en *-é.*
- Au 2e groupe : **Participe passé** en *-i.*
- Au 3e groupe : **Participe passé** en *-i, -t, -u...*

Valeurs : l'usage du **Conditionnel passé** est le même que celui du **Conditionnel présent,** en plus d'exprimer une condition non accomplie : *Je l'aurais su plus tôt, je t'aurais averti* : *Si je l'avais su...* mais cela n'est pas arrivé.

En effet, vous pouvez l'utiliser pour :

- signifier une incertitude : *L'accident aurait été dû à une erreur humaine* (c'est l'autre temps préféré des journalistes !) ;
- atténuer une demande : *J'aurais voulu prendre ma guitare, c'est possible ?* ;
- exprimer une hypothèse qui ne s'est pas produite : *Il aurait dû arriver peu après...* ;
- évoquer un souhait non accompli, un regret : *Tu aurais aimé lui dire quelque chose de plus ?*

Le Conditionnel passé (2e forme)

Formation : le **Conditionnel passé** 2e **forme** est identique dans sa formation au **Subjonctif plus-que-parfait** : il se compose de l'auxiliaire **avoir** ou **être** au **Subjonctif imparfait** et du **Participe passé** du verbe.

Terminaisons :

- Au 1er groupe : **Participe passé** en *-é.*
- Au 2e groupe : **Participe passé** en *-i.*
- Au 3e groupe : **Participe passé** en *-i, -t, -u...*

Valeurs : c'est une variante littéraire du **Conditionnel passé 1re forme**. Il s'utilise par choix esthétique pour les mêmes raisons : exprimer une condition non accomplie. « *Ô toi que j'eusse aimé, ô toi qui le savais...* » (« À une passante », Baudelaire) : équivaut à toi que j'*aurais aimée* ; « *Il en eût fallu bien d'autres/Que quelques mauvais apôtres...* » (« Ma plus belle histoire d'amour », Barbara) équivaut à *Il en aurait fallu bien d'autres*, mais c'est moins joli, vous ne trouvez pas ?

Les temps du Subjonctif

Les temps simples du Subjonctif

Le Subjonctif présent

Formation : le verbe au **Subjonctif** est toujours après « que », mais « que » n'est pas toujours suivi du **Subjonctif** !

Terminaisons : –e, –es, –e, –ions, –iez, –ent.

Faites attention cependant : le **Subjonctif présent** a tendance à transformer le radical, surtout pour les verbes du 3e groupe !

Valeurs :

- Ordre : avec le **Subjonctif présent** vous pouvez exprimer un ordre, qui a valeur d'**Impératif présent** : *Je veux que tu me le **dises**.*

- Souhait, regret : le **Subjonctif présent** peut vous servir à exprimer un regret ou un souhait, que l'on fait souvent précéder de « *pourvu* » quand il s'agit d'une **proposition indépendante** : *(Pourvu) qu'il **neige** !* Mais quand il appartient à une **subordonnée**, le sens se comprend d'après la **principale** : *Je regrette qu'il ne **vienne** pas.* Il existe même une forme de **Subjonctif présent** où l'apparemment inévitable « que » n'est pas nécessaire (il est en fait sous-entendu) : *Vive la France ! Dieu vous garde ! Puisse-t-il faire beau enfin !* ou même « *Vienne la nuit, sonne l'heure...* » (« Le pont Mirabeau », Guillaume Apollinaire)

Chapitre 14 : Utiliser les « temps » 97

✔ Surprise : le **Subjonctif présent** peut aussi vous permettre d'exprimer la surprise, et même l'indignation : *Que tu me répondes ainsi me blesse.*

✔ Concession : le **Subjonctif présent** est enfin le temps dont vous vous servez pour signifier une opposition atténuée, que l'on appelle concessive : *Que tu le veuilles ou non, c'est comme ça !*

Le Subjonctif imparfait

Formation : il est précédé comme le **Subjonctif présent** de l'inévitable « que ».

Terminaisons :

✔ Au 1er groupe : *-asse, -asses, -ât, -assions, -assiez, -assent.*

✔ Au 2e groupe : *-isse, -isses, -ît, -issions, -issiez, -issent.*

✔ Au 3e groupe : *-isse, -isses, -ît, -issions, -issiez, -issent ou -usse, -usses, -ût, -ussions, -ussiez, -ussent.*

Valeurs : Vous ne le conjuguez jamais ? Rien de bien étonnant à cela... Bien qu'on puisse se réjouir de l'entendre encore employé couramment dans certains entretiens d'écrivains jusque vers 1950 environ, l'usage du **Subjonctif imparfait** s'est raréfié et il est devenu très codé : c'est soit une démonstration d'appartenance à une certaine élite, soit une marque humoristique. Il faut dire que, peut-être en raison de sa désuétude (mais – soyons honnêtes – pas seulement...), il choque parfois l'oreille par des formes un peu lourdes (*que j'aimasse, que tu lusses, que nous fissions...*), voire carrément ridicules ou pouvant prêter à des sous-entendus douteux (amusez-vous donc à conjuguer les verbes *savoir* ou *péter*...). On reconnaît bien là l'humour audacieux des linguistes... ! Même si l'usage s'en perd, il reste cependant plus correct de le préférer au **Subjonctif présent** lors de certaines concordances des temps.

Cette « Complainte amoureuse » adressée par Alphonse Allais à Jane Avril, est parue dans le journal *L'Hydropathe* en 1880 ; est-elle de son fait ? La controverse demeure. Toujours est-il que c'est une preuve, s'il en fallait, qu'à l'époque déjà, le **Subjonctif imparfait** pouvait sembler ridicule (tout comme certaines formes de l'**Indicatif passé simple**, bien étranges…) :

Oui, dès l'instant que je vous vis,
Beauté féroce, vous me plûtes ;
De l'amour qu'en vos yeux je pris,
Aussitôt vous vous aperçûtes ;
Mais de quel froid vous reçûtes
Tous les soins que pour vous je pris !
En vain je priai, je gémis :
Dans votre dureté vous sûtes
Mépriser tout ce que je fis.
Même un jour je vous écrivis
Un billet tendre que vous lûtes,
Et je ne sais comment vous pûtes
De sang-froid voir ce que j'y mis.
*Ah fallait-il que je vous **visse**,*
*Fallait-il que vous me **plussiez**,*
*Qu'ingénument je vous le **disse**,*
*Qu'avec orgueil vous vous **tussiez** !*
*Fallait-il que je vous **aimasse**,*
*Que vous me **désespérassiez**,*
*Et qu'en vain je m'**opiniâtrasse**,*
*Et que je vous **idolâtrasse**,*
*Pour que vous m'**assassinassiez** !*

Les temps composés du Subjonctif

Le Subjonctif passé

Formation : le verbe au **Subjonctif passé**, comme celui au **Subjonctif présent**, est lui aussi toujours après « que ». Il se compose de l'**auxiliaire** *avoir* ou *être* au **Subjonctif présent** auquel s'ajoute le **Participe passé** du **verbe**.

Terminaisons :

✔ Au 1er groupe : **Participe passé** en *–é*.

✔ Au 2e groupe : **Participe passé** en *–i*.

✓ Au 3ᵉ groupe : **Participe passé** en *–i, –t, –u*…

Valeurs : le **Subjonctif passé** exprime l'incertitude. Cette incertitude concerne une action passée dont vous ignorez si elle a été réalisée : *Je crains qu'ils n'**aient pris** froid dans le jardin. Elle ne croit pas que tu **aies réussi** tout seul !* Mais le **Subjonctif passé** peut aussi exprimer un souhait, en visant son accomplissement : *Il faut que nous **soyons partis** dès ce soir. J'aimerais que tu **aies fini** à temps !*

Le Subjonctif plus-que-parfait

Formation : le verbe au **Subjonctif plus-que-parfait** se compose de l'**auxiliaire** *avoir* ou *être* au **Subjonctif imparfait** auquel s'ajoute le **Participe passé** du **verbe**. Il a la même forme exactement que le **Conditionnel passé 2ᵉ forme**.

Terminaisons :

✓ Au 1ᵉʳ groupe : **Participe passé** en *–é.*

✓ Au 2ᵉ groupe : **Participe passé** en *–i.*

✓ Au 3ᵉ groupe : **Participe passé** en *–i, –t, –u*…

Valeurs : dans la **subordonnée de condition**, le **Subjonctif plus-que-parfait** est l'équivalent de l'**Indicatif plus-que-parfait** : *(Si) vous l'**eussiez dit** plus tôt, nous eussions pu faire quelque chose : Si vous l'**aviez dit** plus tôt, nous aurions pu faire quelque chose.* Sinon, il est l'équivalent du **Conditionnel passé** (1ʳᵉ forme) : *(Si) vous l'eussiez dit plus tôt, nous **eussions pu** faire quelque chose : Si vous l'aviez dit plus tôt, nous **aurions pu** faire quelque chose.* Il reste tout de même, comme son homologue à l'**Imparfait**, très littéraire.

Le « ne » explétif

Vous n'êtes pas sans avoir remarqué qu'il existe un petit « ne » qui se promène dans certaines expressions au **Subjonctif** : *Je crains qu'il **ne** soit perdu. J'ai bien peur que tu **n'**aies raison…* Or, ce « **ne** » n'a rien de négatif : il est juste là pour rendre la phrase plus douce, et la tournure plus jolie. On l'appelle « **ne** » explétif. Il apparaît aussi dans certaines expressions contenant une comparaison – et cette fois pas forcément au **Subjonctif** : *C'est plus facile que je **ne** l'aurais cru. Elle est bien meilleure que tu **ne** le prétends.*

Les temps de l'Impératif

Le temps simple de l'Impératif

Formation : l'**Impératif présent** ne dispose que de trois personnes (2e du singulier, 1re et 2e du pluriel) et ne s'encombre pas de **pronoms personnels** : on ne reconnaît guère la personne de l'interlocuteur qu'à la terminaison du **verbe** (survivance latine !). Cependant, comme il s'agit surtout d'un **temps** de l'oral, la situation est telle qu'on sait toujours à qui l'on s'adresse !

Terminaisons : les terminaisons sont les mêmes qu'à l'**Indicatif présent** : *–s, –ons, –ez.* Sauf que lorsque le **verbe** se termine en *–e* à la 2e personne du singulier, il ne prend pas de *–s* : ***Cueille*** *toutes les fleurs que tu peux !* ***Joue*** *dehors !* ***Oublie****-moi !* C'est valable aussi pour le verbe ***aller*** : ***Va*** *me chercher ta sœur !* À tel point qu'on est obligé, pour l'aisance de la langue, de rajouter parfois un *–s* supplémentaire : ***Vas****-y !* ***Cueilles****-en plein !* – un comble...

Valeurs : l'**Impératif présent** exprime une action qu'on demande ou non à voir réalisée. Il s'agit donc soit d'un ordre, soit d'une défense (ou ordre négatif), soit d'un souhait (ordre au destin !).

> ✔ Souhait : ***Revenez*** *vite !*
>
> ✔ Défense : *Ne* ***disons*** *rien !*
>
> ✔ Ordre : ***Va-t'en*** *!* L'ordre peut prendre parfois des allures de conseil : « ***Fais*** *comme le soleil, Georgette,* ***lève****-toi tôt,* ***couche****-toi tard, et tu auras le temps.* » (*L'Almanach de Georgette*, Claude Daubercies)

Le temps composé de l'Impératif

Formation : L'**Impératif passé** est composé de l'auxiliaire *avoir* ou *être* à l'**Impératif présent** et du **Participe passé** du verbe.

Terminaisons :

> ✔ Au 1er groupe : **Participe passé** en *–é*
>
> ✔ Au 2e groupe : **Participe passé** en *–i*
>
> ✔ Au 3e groupe : **Participe passé** en *–i, –t, –u*...

Valeurs : les valeurs de l'**Impératif passé** sont les mêmes que celles de l'**Impératif présent**, à cette différence que ce sont celles d'un futur accompli : *Aie fini quand je serai rentré*. Vous pouvez retenir que l'**Impératif passé** pose une option sur l'accomplissement de l'action, qui apparaît plus certain qu'avec l'**Impératif présent** où le futur est seulement envisagé.

Les temps de l'Infinitif

Le temps simple

Terminaisons :

- Au 1er groupe : *-er*.
- Au 2e groupe : *-ir*.
- Au 3e groupe : *-ir, -oir, -oire, -dre, -tre*.

Valeurs : c'est la base de toute conjugaison ! Si vous connaissez l'**Infinitif** simple du **verbe**, vous identifiez son groupe, et donc vous savez le conjuguer. L'**Infinitif présent** peut aussi remplir les fonctions du **nom** dans une phrase : **sujet** (*Manger m'a fait du bien !*), **COD** (*Tu dois lire davantage.*), **COI** (*Pense à écrire à mamie !*), etc.

Le temps composé

Formation : l'**Infinitif passé** est formé de l'auxiliaire *avoir* ou *être* à l'**Infinitif présent** et du **Participe passé** du verbe.

Terminaisons :

- Au 1er groupe : **Participe passé** en *-é*.
- Au 2e groupe : **Participe passé** en *-i*.
- Au 3e groupe : **Participe passé** en *-i, -t, -u*...

Valeurs : comme l'**Infinitif présent**, l'**Infinitif passé** remplit lui aussi les fonctions du **nom** dans la phrase : **sujet** (*Avoir mangé m'a fait du bien*), **COI** (*Tu dois avoir lu ce livre pour la rentrée*), **COI** (*Demande à avoir reçu ce mail pour le 15*), etc.

Les temps du Participe

Le temps simple

Formation : le **Participe présent** se forme généralement à partir de l'**Infinitif** du **verbe**, auquel on ôte la terminaison pour la remplacer par *–ant*.

Terminaisons : –ant.

Valeurs : vous utilisez le **Participe présent** pour évoquer une action qui a lieu en simultanéité avec celle du **verbe** conjugué de la phrase : *Ils avançaient, chantant une chanson.* Mais il peut aussi devenir **adjectif verbal**, il exprime alors un état : *Elles arrivèrent, souriantes.*

Le temps composé

Formation : le **Participe passé** est soit :

- composé de l'**auxiliaire** *avoir* ou *être* suivi du **verbe** au **Participe passé** *(ayant chanté/étant parti(e))* ;
- composé du **verbe** conjugué au **Participe passé** *(chanté(e)/parti(e))*. Sous cette forme, il entre dans la composition de tous les **temps composés**, mais il peut aussi être employé seul comme un **adjectif qualificatif**. Il s'accorde d'ailleurs alors comme tel.

Terminaisons :

- Au 1er groupe : *–é.*
- Au 2e groupe : *–i.*
- Au 3e groupe : *–i, –t, –u…*

Valeurs : employé avec un **auxiliaire** conjugué au temps souhaité, le **Participe passé** exprime une action passée, révolue : *Il a* **fini** *son repas. Nous avions* **appris** *qu'il n'allait pas bien. Ils auront* **voulu** *partir plus tôt !* Employé seul, il sert à qualifier un **nom** : *Apaisé, le chat se rendormit. La pianiste a paru* **surprise** *de l'apercevoir dans le public* **assis**.

À savoir

Le **Participe passé** peut poser problème quant à sa finale : en effet, se termine-t-il en *–i*, en *–is*, en *–it* ? en *–u*, *–us*, *–ut* ?, etc. La meilleure façon de vous en souvenir quand vous avez un doute reste de le mettre au féminin : *Ce chemin je l'ai pris* devient *Cette décision je l'ai prise* ; ce qui vous indique que *pris* se termine par *–s*. De même : *Ce panneau je l'ai vu* devient *Cette affiche je l'ai vue* ; comme on n'entend pas la finale, elle est donc en *–ue*, et le masculin en *–u*.

Chapitre 15
Quelques cas particuliers...

Dans ce chapitre :
- Comprenez certaines particularités
- Finissez-en avec quelques hésitations

Les verbes en –aître ou –oître

Parfois, les verbes en *-aître* et *-oître* nécessitent un accent circonflexe à l'**Indicatif présent**, et parfois non. Pour quelle raison, nous demanderez-vous ? Parce que l'accent circonflexe est le résultat d'un changement d'anciennes formes tombées en désuétude : la double voyelle par exemple (*aage* est devenu *âge*), ou encore certains –s– superflus (*ho<u>s</u>pital, fene<u>s</u>tre*…) ; c'est aussi une façon de différencier certains **homonymes** (*du/dû, mur/mûr*…). En conjugaison, on retrouve ces habitudes : c'est ainsi que les **verbes** en *-aître* ou *-oître* ne reprennent leur accent circonflexe qu'à la 3ᵉ personne du **singulier** et l'abandonnent aux autres personnes. Pourquoi ? Parce que les autres personnes se conjuguent avec –s : ainsi au verbe *connaître* : *je connais, tu connais, il* **connaît**, *nous connaissons, vous connaissez, ils connaissent* – ou au verbe *accroître* : *j'accrois, tu accrois, il* **accroît**, *nous accroissons, vous accroissez, ils accroissent*.

La seule exception est le **verbe** *croître*, qui garde son accent à toutes les personnes du singulier pour ne pas être confondu avec le **verbe** *croire* : *je croîs, tu croîs, il croît*.

> ### À noter
>
> Une bonne nouvelle pour ceux d'entre vous qui jugent cela difficile : la réforme orthographique de 1990 autorise à laisser tomber dans l'abîme de l'oubli cet accent circonflexe – sauf au **Passé simple de l'Indicatif** ! On admet par exemple : *il nait* pour *il naît, il apparait* pour *il apparaît*... mais *nous naquîmes, vous apparûtes.*

Les verbes *clore, gésir et plaire* ont beau ne pas se terminer par *–aître* ou *–oître*, ils prennent pourtant bien un accent circonflexe devant le –t ! Ainsi aura-t-on : *Elle* **clôt** *l'enveloppe. Ci-***gît** *mon chat qui vécut longtemps heureux. S'il vous* **plaît** *!*

Les accents sur é et è

Certains **verbes** changent d'accentuation sur leur avant-dernière syllabe, si bien que vous ne savez jamais s'il faut l'un ou l'autre accent ? C'est vrai... à moins de connaître cette règle simple : l'accent grave sur le e n'existe que si ce e se trouve à la fin d'une syllabe, et il précède toujours une syllabe avec un e muet. C'est pourquoi l'on aura pour le **verbe** *élever : j'élève, tu élèves, il élève*... ; pour le **verbe** *peser : je pèse, tu pèses, il pèse*... mais : *nous élevons, nous pesons*. Quant à un **verbe** comme *énerver*, par exemple, il ne comporte pas d'accent du tout puisque le deuxième e n'apparaît pas en fin, mais en milieu de syllabe : *é-ner-ver*. Facile, finalement, non ?

Les verbes en –yer

–eyer

Les verbes en *–eyer* gardent leur y à tous les temps de tous les modes.

Il n'y en a pas beaucoup : **brasseyer, capeyer, faseyer, grasseyer, langueyer, volleyer.**

Et on ne peut pas dire qu'ils soient très courants ; mais sait-on jamais, vous pourriez en avoir besoin...

−ayer

Les verbes en *−ayer* sont un peu plus courants.

Ceux-là peuvent soit garder le y avant un e muet, soit le changer en i. Vous direz aussi bien *je paye* que *je paie, il essaye* qu'*il essaie*, ou *ils bégayent* qu'*ils bégaient*.

Se conjuguent ainsi : **balayer, bégayer, déblayer, débrayer, défrayer, délayer, effrayer, égayer, embrayer, enrayer, étayer, frayer, monnayer, pagayer, payer, rayer, réessayer, relayer, remblayer, repayer, zézayer...**

Une exception : **bayer**, uniquement usité dans l'expression « bayer aux corneilles » conserve son y à tous les temps (bayer signifie béer, rester la bouche ouverte, que vous ne devez pas confondre avec bâiller, quoique ces deux verbes aient en commun le même mouvement d'ouverture des maxillaires...).

−oyer, −uyer

Les **verbes** en *−oyer* et *−uyer* quant à eux, changent systématiquement leur y avant un e muet. *Je broie, tu nettoies, il emploie...*

On met notamment dans cette catégorie : **aboyer, apitoyer, atermoyer, broyer, charroyer, chatoyer, choyer, convoyer, côtoyer, coudoyer, déployer, dévoyer, employer, envoyer, éployer, festoyer, flamboyer, fossoyer, foudroyer, fourvoyer, guerroyer, jointoyer, larmoyer, louvoyer, nettoyer, noyer, octroyer, ondoyer, ployer, poudroyer, redéployer, réemployer, renvoyer, rougeoyer, rudoyer, soudoyer, tournoyer, tutoyer, verdoyer, vouvoyer (ou voussoyer).../appuyer, ennuyer, essuyer...**

Faites attention à **envoyer** et **renvoyer**, dont l'**Indicatif futur** et le **Conditionnel présent** sont irréguliers : *j'enverrai/j'enverrais*.

Les verbes en −dre

> ✔ Les **verbes** qui se terminent en **−dre** gardent généralement le −d dans leur conjugaison : *je vends, tu pends, il répand, nous étendons, vous rendez, ils descendent*... Cependant, il vous faut noter deux irrégularités : le **verbe coudre** (*je couds, tu couds, il coud, nous cousons, vous cousez, ils cousent*) et le **verbe moudre** (*je mouds, tu mouds, il moud, nous moulons, vous moulez, ils moulent*).
>
> ✔ Les **verbes** qui se terminent par **−indre** et **−soudre** ne gardent cependant pas leur d : à la 1re personne du singulier, ils le perdent (*je peins, tu dissous*...), et aux 2e et 3e personnes du singulier, ils le transforment en −t (*il peint, il dissout*...).

Les verbes en −eler et −eter

−eler

Pour obtenir le son è, doublez le l : *j'appelle* (son è)/*nous appelons* (son e).

Sauf pour : **celer, ciseler, congeler, déceler, dégeler, démanteler, écarteler, geler, marteler, modeler, peler, receler.**

−eter

Pour obtenir le son è, doublez le t : *je jette* (son è)/*nous jetons* (son e).

Sauf pour : **acheter, caqueter, corseter, crocheter, fureter, haleter.**

Notez que la réforme orthographique de 1990 vous autorise à conjuguer tous ces **verbes** sans jamais doubler le l ou le t. Donc...

Les verbes défectifs

Certains **verbes** ont une conjugaison incomplète : soit qu'ils ne se conjuguent pas à toutes les personnes, soit qu'ils n'existent pas à tous les temps. Ainsi pouvez-vous remarquer que certains **verbes** se conjuguent :

- 1) Seulement à l'**Infinitif** : *accroire, ester, férir*.
- 2) Seulement à la 3e personne :
  - du singulier : *chaloir, falloir, poindre* ;
  - du singulier et du pluriel : *advenir, braire, bruire, échoir, éclore, s'ensuivre, falloir, seoir, sourdre*.

Les formes communes… ou presque

Indicatif passé simple et **Subjonctif imparfait** semblent parfois se confondre à la 3e personne du singulier… à un accent circonflexe près ! Il vous est donc fortement recommandé de ne pas l'oublier. C'est le cas pour les verbes du 2e groupe, et ceux du 3e groupe : *il finit/qu'il finît ; il voulut/qu'il voulût ; il prit/qu'il prît*, etc.

Courir ou mourir… (il faut choisir)

D'accord, on ne meurt qu'une fois… Mais court-on avec une seule jambe ? Vous aurez beau chercher des moyens mnémotechniques pour retenir que ces verbes n'ont qu'un « r », la logique ne vous sert pas toujours… Cela étant, *mourir* et *courir* ne prennent bien qu'un seul « r » - au contraire de *nourrir*, par exemple, ou *pourrir*… Deux exceptions seulement : au **Futur** de l'**indicatif** et au **Présent** du **Conditionnel**, ils doublent leur « r » : *je courrai/je courrais – il mourra/il mourrait*.

Chapitre 16

Principales conjugaisons
Quelques modèles

Dans ce chapitre :
- Apprenez à connaître les terminaisons systématiques par groupe
- Sachez conjuguer les verbes de base

*T*ous les **verbes** ne nécessitent pas un tableau : vous n'en finiriez pas et, à la vérité, il suffit de quelques modèles sur lesquels les autres se conjuguent. Vous sont donc proposés ici les indispensables auxiliaires *ÊTRE* et *AVOIR*, un modèle pour le 1er groupe, un modèle pour le 2e groupe, et quelques modèles pour le 3e groupe.

ÊTRE et AVOIR

Connaître les conjugaisons de **être** et **avoir** s'avère indispensable en français : en effet, en tant qu'auxiliaires, ils vous servent d'aides pour la conjugaison de tous les autres verbes : vous les retrouvez donc très souvent !

ÊTRE

Indicatif

✔ **Présent :** *je suis, tu es, il/elle est, nous sommes, vous êtes, ils/elles sont.*

✔ **Futur :** *je serai, tu seras, il/elle sera, nous serons, vous serez, ils/elles seront.*

- **Imparfait :** *j'étais, tu étais, il/elle était, nous étions, vous étiez, ils/elles étaient.*
- **Passé simple :** *je fus, tu fus, il/elle fut, nous fûmes, vous fûtes, ils/elles furent.*
- **Passé composé :** *j'ai été, tu as été, il/elle a été, nous avons été, vous avez été, ils/elles ont été.*
- **Futur antérieur :** *j'aurai été, tu auras été, il/elle aura été, nous aurons été, vous aurez été, ils/elles auront été.*
- **Plus-que-parfait :** *j'avais été, tu avais été, il/elle avait été, nous avions été, vous aviez été, ils/elles avaient été.*
- **Passé antérieur :** *j'eus été, tu eus été, il/elle eut été, nous eûmes été, vous eûtes été, ils/elles eurent été.*

Conditionnel

- **Présent :** *je serais, tu serais, il/elle serait, nous serions, vous seriez, ils/elles seraient.*
- **Passé (1re forme) :** *j'aurais été, tu aurais été, il/elle aurait été, nous aurions été, vous auriez été, ils/elles auraient été.*

Subjonctif

- **Présent :** *que je sois, que tu sois, qu'il/elle soit, que nous soyons, que vous soyez, qu'ils/elles soient.*
- **Imparfait :** *que je fusse, que tu fusses, qu'il/elle fût, que nous fussions, que vous fussiez, qu'ils/elles fussent.*
- **Passé :** *que j'aie été, que tu aies été, qu'il/elle ait été, que nous ayons été, que vous ayez, été, qu'ils/elles aient été.*
- **Plus-que-parfait :** *que j'eusse été, que tu eusses été, qu'il/elle eût été, que nous eussions été, que vous eussiez été, qu'ils/elles eussent été.*

Impératif

- **Présent :** *sois, soyons, soyez.*
- **Passé :** *aie été, ayons été, ayez été.*

AVOIR

Indicatif

- **Présent :** *j'ai, tu as, il/elle a, nous avons, vous avez, ils/elles ont.*

✔ **Futur** : *j'aurai, tu auras, il/elle aura, nous aurons, vous aurez, ils/elles auront.*

✔ **Imparfait** : *j'avais, tu avais, il/elle avait, nous avions, vous aviez, ils/elles avaient.*

✔ **Passé simple** : *j'eus, tu eus, il/elle eut, nous eûmes, vous eûtes, ils/elles eurent.*

✔ **Passé composé** : *j'ai eu, tu as eu, il/elle a eu, nous avons eu, vous avez eu, ils/elles ont eu.*

✔ **Futur antérieur** : *j'aurai eu, tu auras eu, il/elle aura eu, nous aurons eu, vous aurez eu, ils/elles auront eu.*

✔ **Plus-que-parfait** : *j'avais eu, tu avais eu, il/elle avait eu, nous avions eu, vous aviez eu, ils/elles avaient eu.*

✔ **Passé antérieur** : *j'eus eu, tu eus eu, il/elle eut eu, nous eûmes eu, vous eûtes eu, ils/elles eurent eu.*

Conditionnel

✔ **Présent** : *j'aurais, tu aurais, il/elle aurait, nous aurions, vous auriez, ils/elles auraient.*

✔ **Passé (1re forme)** : *j'aurais eu, tu aurais eu, il/elle aurait eu, nous aurions eu, vous auriez eu, ils/elles auraient eu.*

Subjonctif

✔ **Présent** : *que j'aie, que tu aies, qu'il/elle ait, que nous ayons, que vous ayez, qu'ils/elles aient.*

✔ **Imparfait** : *que j'eusse, que tu eusses, qu'il/elle eût, que nous eussions, que vous eussiez, qu'ils/elles eussent.*

✔ **Passé** : *que j'aie eu, que tu aies eu, qu'il/elle ait eu, que nous ayons eu, que vous ayez eu, qu'ils/elles aient eu.*

✔ **Plus-que-parfait** : *que j'eusse eu, que tu eusses eu, qu'il/elle eût eu, que nous eussions eu, que vous eussiez eu, qu'ils/elles eussent eu.*

Impératif

✔ **Présent** : *aie, ayons, ayez.*

✔ **Passé** : *aie eu, ayons eu, ayez eu.*

1er groupe : AIMER

Le **verbe** AIMER a été choisi ici comme **verbe** modèle : tous les autres **verbes** du 1er groupe (terminaison en *–er*) se conjuguent ainsi, avec des particularités dues aux exceptions vues précédemment, mais sans que leur désinence ne fasse, elle, exception.

Indicatif

- **Présent :** *j'aime, tu aimes, il/elle aime, nous aimons, vous aimez, ils/elles aiment.*
- **Futur :** *j'aimerai, tu aimeras, il/elle aimera, nous aimerons, vous aimerez, ils/elles aimeront.*
- **Imparfait :** *j'aimais, tu aimais, il/elle aimait, nous aimions, vous aimiez, ils/elles aimaient.*
- **Passé simple :** *j'aimai, tu aimas, il/elle aima, nous aimâmes, vous aimâtes, ils/elles aimèrent.*
- **Passé composé :** *j'ai aimé, tu as aimé, il/elle a aimé, nous avons aimé, vous avez aimé, ils/elles ont aimé.*
- **Futur antérieur :** *j'aurai aimé, tu auras aimé, il/elle aura aimé, nous aurons aimé, vous aurez aimé, ils/elles auront aimé.*
- **Plus-que-parfait :** *j'avais aimé, tu avais aimé, il/elle avait aimé, nous avions aimé, vous aviez aimé, ils/elles avaient aimé.*
- **Passé antérieur :** *j'eus aimé, tu eus aimé, il/elle eut aimé, nous eûmes aimé, vous eûtes aimé, ils/elles eurent aimé.*

Conditionnel

- **Présent :** *j'aimerais, tu aimerais, il/elle aimerait, nous aimerions, vous aimeriez, ils/elles aimeraient.*
- **Passé (1re forme) :** *j'aurais aimé, tu aurais aimé, il/elle aurait aimé, nous aurions aimé, vous auriez aimé, ils/elles auraient aimé.*

Subjonctif

- **Présent :** *que j'aime, que tu aimes, qu'il/elle aime, que nous aimions, que vous aimiez, qu'ils/elles aiment.*
- **Imparfait :** *que j'aimasse, que tu aimasses, qu'il/elle aimât, que nous aimassions, que vous aimassiez, qu'ils/elles aimassent.*

> ✔ **Passé :** *que j'aie aimé, que tu aies aimé, qu'il/elle ait aimé, que nous ayons aimé, que vous ayez aimé, qu'ils/elles aient aimé.*
>
> ✔ **Plus-que-parfait :** *que j'eusse aimé, que tu eusses aimé, qu'il/elle eût aimé, que nous eussions aimé, que vous eussiez aimé, qu'ils/elles eussent aimé.*

Impératif

> ✔ **Présent :** *aime, aimons, aimez.*
>
> ✔ **Passé :** *aie aimé, ayons aimé, ayez aimé.*

2ᵉ groupe : FINIR

Le verbe FINIR sert ici de modèle à la conjugaison des **verbes** du 2ᵉ groupe, c'est-à-dire tous les **verbes** en **–ir** dont le **Participe présent** est en **–issant**.

Indicatif

> ✔ **Présent :** *je finis, tu finis, il/elle finit, nous finissons, vous finissez, ils/elles finissent.*
>
> ✔ **Futur :** *je finirai, tu finiras, il/elle finira, nous finirons, vous finirez, ils/elles finiront.*
>
> ✔ **Imparfait :** *je finissais, tu finissais, il/elle finissait, nous finissions, vous finissiez, ils/elles finissaient.*
>
> ✔ **Passé simple :** *je finis, tu finis, il/elle finit, nous finîmes, vous finîtes, ils/elles finirent.*
>
> ✔ **Passé composé :** *j'ai fini, tu as fini, il/elle a fini, nous avons fini, vous avez fini, ils/elles ont fini.*
>
> ✔ **Futur antérieur :** *j'aurai fini, tu auras fini, il/elle aura fini, nous aurons fini, vous aurez fini, ils/elles auront fini.*
>
> ✔ **Plus-que-parfait :** *j'avais fini, tu avais fini, il/elle avait fini, nous avions fini, vous aviez fini, ils/elles avaient fini.*
>
> ✔ **Passé antérieur :** *j'eus fini, tu eus fini, il/elle eut fini, nous eûmes fini, vous eûtes fini, ils/elles eurent fini.*

Conditionnel

> ✔ **:** *je finirais, tu finirais, il/elle finirait, nous finirions, vous finiriez, ils/elles finiraient.*

✔ **Passé (1ʳᵉ forme)** : *j'aurais fini, tu aurais fini, il/elle aurait fini, nous aurions fini, vous auriez fini, ils/elles auraient fini.*

Subjonctif

✔ **Présent** : *que je finisse, que tu finisses, qu'il/elle finisse, que nous finissions, que vous finissiez, qu'ils/elles finissent.*

✔ **Imparfait** : *que je finisse, que tu finisses, qu'il/elle finît, que nous finissions, que vous finissiez, qu'ils/elles finissent.*

✔ **Passé** : *que j'aie fini, que tu aies fini, qu'il/elle ait fini, que nous ayons fini, que vous ayez fini, qu'ils/elles aient fini.*

✔ **Plus-que-parfait** : *que j'eusse fini, que tu eusses fini, qu'il/elle eût fini, que nous eussions fini, que vous eussiez fini, qu'ils/elles eussent fini.*

Impératif

✔ **Présent** : *finis, finissons, finissez.*

✔ **Passé** : *aie fini, ayons fini, ayez fini.*

3ᵉ groupe : ALLER, DIRE, FAIRE, POUVOIR, PRENDRE, SAVOIR, VOIR, VOULOIR

Difficile pour le 3ᵉ groupe de se limiter seulement à quelques modèles : presque tous les **verbes** y font exception ! Voici donc la conjugaison des **verbes** les plus courants.

ALLER

Indicatif

✔ **Présent** : *je vais, tu vas, il/elle va, nous allons, vous allez, ils/elles vont.*

✔ **Futur** : *j'irai, tu iras, il/elle ira, nous irons, vous irez, ils/elles iront.*

✔ **Imparfait** : *j'allais, tu allais, il/elle allait, nous allions, vous alliez, ils/elles allaient.*

✔ **Passé simple** : *j'allai, tu allas, il/elle alla, nous allâmes, vous allâtes, ils/elles allèrent.*

✔ **Passé composé** : *je suis allé(e), tu es allé(e), il/elle est allé(e), nous sommes allé(e)s, vous êtes allé(e)s, ils/elles sont allé(e)s.*

✔ **Futur antérieur** : *je serai allé(e), tu seras allé(e), il/elle sera allé(e), nous serons allé(e)s, vous serez allé(e)s, ils/elles seront allé(e)s.*

✔ **Plus-que-parfait** : *j'étais allé(e), tu étais allé(e), il/elle était allé(e), nous étions allé(e)s, vous étiez allé(e)s, ils/elles étaient allé(e)s.*

✔ **Passé antérieur** : *je fus allé(e), tu fus allé(e), il/elle fut allé(e), nous fûmes allé(e)s, vous fûtes allé(e)s, ils/elles furent allé(e)s.*

Conditionnel

✔ **Présent** : *j'irais, tu irais, il irait, nous irions, vous iriez, ils iraient.*

✔ **Passé (1re forme)** : *je serais allé(e), tu serais allé(e), il/elle serait allé(e), nous serions allé(e)s, vous seriez allé(e)s, ils/elles seraient allé(e)s.*

Subjonctif

✔ **Présent** : *que j'aille, que tu ailles, qu'il/elle aille, que nous allions, que vous alliez, qu'ils/elles aillent.*

✔ **Imparfait** : *que j'allasse, que tu allasses, qu'il/elle allât, que nous allassions, que vous allassiez, qu'ils/elles allassent.*

✔ **Passé** : *que je sois allé(e), que tu sois allé(e), qu'il/elle soit allé(e), que nous soyons allé(e)s, que vous soyez allé(e)s, qu'ils/elles soient allé(e)s.*

✔ **Plus-que-parfait** : *que je fusse allé(e), que tu fusses allé(e), qu'il/elle fût allé(e), que nous fussions allé(e)s, que vous fussiez allé(e)s, qu'ils/elles fussent allé(e)s.*

Impératif

✔ **Présent** : *va, allons, allez.*

✔ **Passé** : *sois allé(e), soyons allé(e)s, soyez allé(e)s.*

DIRE

Indicatif

- **Présent :** *je dis, tu dis, il/elle dit, nous disons, vous dites, ils/elles disent.*
- **Futur :** *je dirai, tu diras, il/elle dira, nous dirons, vous direz, ils/elles diront.*
- **Imparfait :** *je disais, tu disais, il/elle disait, nous disions, vous disiez, ils/elles disaient.*
- **Passé simple :** *je dis, tu dis, il/elle dit, nous dîmes, vous dîtes, ils/elles dirent.*
- **Passé composé :** *j'ai dit, tu as dit, il/elle a dit, nous avons dit, vous avez dit, ils/elles ont dit.*
- **Futur antérieur :** *j'aurai dit, tu auras dit, il/elle aura dit, nous aurons dit, vous aurez dit, ils/elles auront dit.*
- **Plus-que-parfait :** *j'avais dit, tu avais dit, il/elle avait dit, nous avions dit, vous aviez dit, ils/elles avaient dit.*
- **Passé antérieur :** *j'eus dit, tu eus dit, il/elle eut dit, nous eûmes dit, vous eûtes dit, ils/elles eurent dit.*

Conditionnel

- **Présent :** *je dirais, tu dirais, il/elle dirait, nous dirions, vous diriez, ils/elles diraient.*
- **Passé (1re forme) :** *j'aurais dit, tu aurais dit, il/elle aurait dit, nous aurions dit, vous auriez dit, ils/elles auraient dit.*

Subjonctif

- **Présent :** *que je dise, que tu dises, qu'il/elle dise, que nous disions, que vous disiez, qu'ils/elles disent.*
- **Imparfait :** *que je disse, que tu disses, qu'il/elle dît, que nous dissions, que vous dissiez, qu'ils/elles dissent.*
- **Passé :** *que j'aie dit, que tu aies dit, qu'il/elle ait dit, que nous ayons dit, que vous ayez dit, qu'ils/elles aient dit.*
- **Plus-que-parfait :** *que j'eusse dit, que tu eusses dit, qu'il/elle eût dit, que nous eussions dit, que vous eussiez dit, qu'ils/elles eussent dit.*

Impératif
- **Présent :** *dis, disons, dites.*
- **Passé :** *aie dit, ayons dit, ayez dit.*

FAIRE

Indicatif
- **Présent :** *je fais, tu fais, il/elle fait, nous faisons, vous faites, ils/elles font.*
- **Futur :** *je ferai, tu feras, il/elle fera, nous ferons, vous ferez, ils/elles feront.*
- **Imparfait :** *je faisais, tu faisais, il/elle faisait, nous faisions, vous faisiez, ils/elles faisaient.*
- **Passé simple :** *je fis, tu fis, il/elle fit, nous fîmes, vous fîtes, ils/elles firent.*
- **Passé composé :** *j'ai fait, tu as fait, il/elle a fait, nous avons fait, vous avez fait, ils/elles ont fait.*
- **Futur antérieur :** *j'aurai fait, tu auras fait, il/elle aura fait, nous aurons fait, vous aurez fait, ils/elles auront fait.*
- **Plus-que-parfait :** *j'avais fait, tu avais fait, il/elle avait fait, nous avions fait, vous aviez fait, ils/elles avaient fait.*
- **Passé antérieur :** *j'eus fait, tu eus fait, il/elle eut fait, nous eûmes fait, vous eûtes fait, ils/elles eurent fait.*

Conditionnel
- **Présent :** *je ferais, tu ferais, il/elle ferait, nous ferions, vous feriez, ils/elles feraient.*
- **Passé (1re forme) :** *j'aurais fait, tu aurais fait, il/elle aurait fait, nous aurions fait, vous auriez fait, ils/elles auraient fait.*

Subjonctif
- **Présent :** *que je fasse, que tu fasses, qu'il/elle fasse, que nous fassions, que vous fassiez, qu'ils/elles fassent.*
- **Imparfait :** *que je fisse, que tu fisses, qu'il/elle fît, que nous fissions, que vous fissiez, qu'ils/elles fissent.*

- **Passé :** *que j'aie fait, que tu aies fait, qu'il/elle ait fait, que nous ayons fait, que vous ayez fait, qu'ils/elles aient fait.*
- **Plus-que-parfait :** *que j'eusse fait, que tu eusses fait, qu'il/elle eût fait, que nous eussions fait, que vous eussiez fait, qu'ils/elles eussent fait.*

Impératif

- **Présent :** *fais, faisons, faites.*
- **Passé :** *aie fait, ayons fait, ayez fait.*

POUVOIR

Indicatif

- **Présent :** *je peux, tu peux, il/elle peut, nous pouvons, vous pouvez, ils/elles peuvent.*
- **Futur :** *je pourrai, tu pourras, il/elle pourra, nous pourrons, vous pourrez, ils/elles pourront.*
- **Imparfait :** *je pouvais, tu pouvais, il/elle pouvait, nous pouvions, vous pouviez, ils/elles pouvaient.*
- **Passé simple :** *je pus, tu pus, il/elle put, nous pûmes, vous pûtes, ils/elles purent.*
- (Il fait beaucoup rire les élèves de primaire qui aiment le conjuguer à haute voix…)
- **Passé composé :** *j'ai pu, tu as pu, il/elle a pu, nous avons pu, vous avez pu, ils/elles ont pu.*
- **Futur antérieur :** *j'aurai pu, tu auras pu, il/elle aura pu, nous aurons pu, vous aurez pu, ils/elles auront pu.*
- **Plus-que-parfait :** *j'avais pu, tu avais pu, il/elle avait pu, nous avions pu, vous aviez pu, ils/elles avaient pu.*
- **Passé antérieur :** *j'eus pu, tu eus pu, il/elle eut pu, nous eûmes pu, vous eûtes pu, ils/elles eurent pu.*

Conditionnel

- **Présent :** *je pourrais, tu pourrais, il/elle pourrait, nous pourrions, vous pourriez, ils/elles pourraient.*
- **Passé (1re forme) :** *j'aurais pu, tu aurais pu, il/elle aurait pu, nous aurions pu, vous auriez pu, ils/elles auraient pu.*

Subjonctif

- **Présent :** *que je puisse, que tu puisses, qu'il/elle puisse, que nous puissions, que vous puissiez, qu'ils/elles puissent.*
- **Imparfait :** *que je pusse, que tu pusses, qu'il/elle pût, que nous pussions, que vous pussiez, qu'ils/elles pussent.*
- **Passé :** *que j'aie pu, que tu aies pu, qu'il/elle ait pu, que nous ayons pu, que vous ayez pu, qu'ils/elles aient pu.*
- **Plus-que-parfait :** *que j'eusse pu, que tu eusses pu, qu'il/elle eût pu, que nous eussions pu, que vous eussiez pu, qu'ils/elles eussent pu.*

Impératif

Le verbe *pouvoir* n'existe pas à l'**Impératif**. Vous pouvez utiliser le **Subjonctif** pour le remplacer : *Puisses-tu...*

PRENDRE

Indicatif

- **Présent :** *je prends, tu prends, il/elle prend, nous prenons, vous prenez, ils/elles prennent.*
- **Futur :** *je prendrai, tu prendras, il/elle prendra, nous prendrons, vous prendrez, ils/elles prendront.*
- **Imparfait :** *je prenais, tu prenais, il/elle prenait, nous prenions, vous preniez, ils/elles prenaient.*
- **Passé simple :** *je pris, tu pris, il/elle prit, nous prîmes, vous prîtes, ils/elles prirent.*
- **Passé composé :** *j'ai pris, tu as pris, il/elle a pris, nous avons pris, vous avez pris, ils/elles ont pris.*
- **Futur antérieur :** *j'aurai pris, tu auras pris, il/elle aura pris, nous aurons pris, vous aurez pris, ils/elles auront pris.*
- **Plus-que-parfait :** *j'avais pris, tu avais pris, il/elle avait pris, nous avions pris, vous aviez pris, ils/elles avaient pris.*
- **Passé antérieur :** *j'eus pris, tu eus pris, il/elle eut pris, nous eûmes pris, vous eûtes pris, ils/elles eurent pris.*

Conditionnel

- **Présent :** *je prendrais, tu prendrais, il/elle prendrait, nous prendrions, vous prendriez, ils/elles prendraient.*
- **Passé (1ʳᵉ forme) :** *j'aurais pris, tu aurais pris, il/elle aurait pris, nous aurions pris, vous auriez pris, ils/elles auraient pris.*

Subjonctif

- **Présent :** *que je prenne, que tu prennes, qu'il/elle prenne, que nous prenions, que vous preniez, qu'ils/elles prennent.*
- **Imparfait :** *que je prisse, que tu prisses, qu'il/elle prît, que nous prissions, que vous prissiez, qu'ils/elles prissent.*
- **Passé :** *que j'aie pris, que tu aies pris, qu'il/elle ait pris, que nous ayons pris, que vous ayez pris, qu'ils/elles aient pris.*
- **Plus-que-parfait :** *que j'eusse pris, que tu eusses pris, qu'il/elle eût pris, que nous eussions pris, que vous eussiez pris, qu'ils/elles eussent pris.*

Impératif

- **Présent :** *prends, prenons, prenez.*
- **Passé :** *aie pris, ayons pris, ayez pris.*

SAVOIR

Indicatif

- **Présent :** *je sais, tu sais, il/elle sait, nous savons, vous savez, ils/elles savent.*
- **Futur :** *je saurai, tu sauras, il/elle saura, nous saurons, vous saurez, ils/elles sauront.*
- **Imparfait :** *je savais, tu savais, il/elle savait, nous savions, vous saviez, ils/elles savaient.*
- **Passé simple :** *je sus, tu sus, il/elle sut, nous sûmes, vous sûtes, ils/elles surent.*
- **Passé composé :** *j'ai su, tu as su, il/elle a su, nous avons su, vous avez su, ils/elles ont su.*
- **Futur antérieur :** *j'aurai su, tu auras su, il/elle aura su, nous aurons su, vous aurez su, ils/elles auront su.*

- **Plus-que-parfait :** *j'avais su, tu avais su, il/elle avait su, nous avions su, vous aviez su, ils/elles avaient su.*
- **Passé antérieur :** *j'eus su, tu eus su, il/elle eut su, nous eûmes su, vous eûtes su, ils/elles eurent su.*

Conditionnel

- **Présent :** *je saurais, tu saurais, il/elle saurait, nous saurions, vous sauriez, ils/elles sauraient.*
- **Passé (1re forme) :** *j'aurais su, tu aurais su, il/elle aurait su, nous aurions su, vous auriez su, ils/elles auraient su.*

Subjonctif

- **Présent :** *que je sache, que tu saches, qu'il/elle sache, que nous sachions, que vous sachiez, qu'ils/elles sachent*
- **Imparfait :** *que je susse, que tu susses, qu'il/elle sût, que nous sussions, que vous sussiez, qu'ils/elles sussent.*
- **Passé :** *que j'aie su, que tu aies su, qu'il/elle ait su, que nous eussions su, que vous eussiez su, qu'ils/elles eussent su.*
- **Plus-que-parfait :** *que j'eusse su, que tu eusses su, qu'il/elle eût su, que nous eussions su, que vous eussiez su, qu'ils/elles eussent su.*

Impératif

- **Présent :** *sache, sachons, sachez.*
- **Passé :** *aie su, ayons su, ayez su.*

VOIR

Indicatif

- **Présent :** *je vois, tu vois, il/elle voit, nous voyons, vous voyez, ils/elles voient.*
- **Futur :** *je verrai, tu verras, il/elle verra, nous verrons, vous verrez, ils/elles verront.*
- **Imparfait :** *je voyais, tu voyais, il/elle voyait, nous voyions, vous voyiez, ils/elles voyaient.*
- **Passé simple :** *je vis, tu vis, il/elle vit, nous vîmes, vous vîtes, ils/elles virent.*

- **Passé composé :** *j'ai vu, tu as vu, il/elle a vu, nous avons vu, vous avez vu, ils/elles ont vu.*
- **Futur antérieur :** *j'aurai vu, tu auras vu, il/elle aura vu, nous aurons vu, vous aurez vu, ils/elles auront vu.*
- **Plus-que-parfait :** *j'avais vu, tu avais vu, il/elle avait vu, nous avions vu, vous aviez vu, ils/elles avaient vu.*
- **Passé antérieur :** *j'eus vu, tu eus vu, il/elle eut vu, nous eûmes vu, vous eûtes vu, ils/elles eurent vu.*

Conditionnel

- **Présent :** *je verrais, tu verrais, il/elle verrait, nous verrions, vous verriez, ils/elles verraient.*
- **Passé (1re forme) :** *j'aurais vu, tu aurais vu, il/elle aurait vu, nous aurions vu, vous auriez vu, ils/elles auraient vu.*

Subjonctif

- **Présent :** *que je voie, que tu voies, qu'il/elle voie, que nous voyions, que vous voyiez, qu'ils/elles voient.*
- **Imparfait :** *que je visse, que tu visses, qu'il/elle vît, que nous vissions, que vous vissiez, qu'ils/elles vissent.*
- **Passé :** *que j'aie vu, que tu aies vu, qu'il/elle ait vu, que nous ayons vu, que vous ayez vu, qu'ils/elles aient vu.*
- **Plus-que-parfait :** *que j'eusse vu, que tu eusses vu, qu'il/elle eût vu, que nous eussions vu, que vous eussiez vu, qu'ils/elles eussent vu.*

Impératif

- **Présent :** *vois, voyons, voyez.*
- **Passé :** *aie vu, ayons vu, ayez vu.*

VOULOIR

Indicatif

- **Présent :** *je veux, tu veux, il/elle veut, nous voulons, vous voulez, ils/elles veulent.*
- **Futur :** *je voudrai, tu voudras, il/elle voudra, nous voudrons, vous voudrez, ils/elles voudront.*

✓ **Imparfait :** *je voulais, tu voulais, il/elle voulait, nous voulions, vous vouliez, ils/elles voulaient.*

✓ **Passé simple :** *je voulus, tu voulus, il/elle voulut, nous voulûmes, vous voulûtes, ils/elles voulurent.*

✓ **Passé composé :** *j'ai voulu, tu as voulu, il/elle a voulu, nous avons voulu, vous avez voulu, ils/elles ont voulu.*

✓ **Futur antérieur :** *j'aurai voulu, tu auras voulu, il/elle aura voulu, nous aurons voulu, vous aurez voulu, ils/elles auront voulu.*

✓ **Plus-que-parfait :** *j'avais voulu, tu avais voulu, il/elle avait voulu, nous avions voulu, vous aviez voulu, ils/elles avaient voulu.*

✓ **Passé antérieur :** *j'eus voulu, tu eus voulu, il/elle eut voulu, nous eûmes voulu, vous eûtes voulu, ils/elles eurent voulu.*

Conditionnel

✓ **Présent :** *je voudrais, tu voudrais, il/elle voudrait, nous voudrions, vous voudriez, ils/elles voudraient.*

✓ **Passé (1re forme) :** *j'aurais voulu, tu aurais voulu, il/elle aurait voulu, nous aurions voulu, vous auriez voulu, ils/elles auraient voulu.*

Subjonctif

✓ **Présent :** *que je veuille, que tu veuilles, qu'il/elle veuille, que nous voulions, que vous vouliez, qu'ils/elles veuillent.*

✓ **Imparfait :** *que je voulusse, que tu voulusses, qu'il/elle voulût, que nous voulussions, que vous voulussiez, qu'ils/elles voulussent.*

✓ **Passé :** *que j'aie voulu, que tu aies voulu, qu'il/elle ait voulu, que nous ayons voulu, que vous ayez voulu, qu'ils/elles aient voulu.*

✓ **Plus-que-parfait :** *que j'eusse voulu, que tu eusses voulu, qu'il/elle eût voulu, que nous eussions voulu, que vous eussiez voulu, qu'ils/elles eussent voulu.*

Impératif

✓ **Présent :** *veux/veuille, voulons, voulez/veuillez.*

✓ **Passé :** *aie voulu, ayons voulu, ayez voulu.*

LE PASSIF

La conjugaison au **Passif** réclame aussi un modèle, notamment pour son emploi particulier de l'**auxiliaire ÊTRE**. À cet **auxiliaire** s'ajoute le **Participe passé** du **verbe**, que l'on accorde suivant le sujet.

Indicatif

- **Présent :** *je suis aimé(e), tu es aimé(e), il/elle est aimé(e), nous sommes aimé(e)s, vous êtes aimé(e)s, ils/elles sont aimé(e)s.*

- **Futur :** *je serai aimé(e), tu seras aimé(e), il/elle sera aimé(e), nous serons aimé(e)s, vous serez aimé(e)s, ils/elles seront aimé(e)s.*

- **Imparfait :** *j'étais aimé(e), tu étais aimé(e), il/elle était aimé(e), nous étions aimé(e)s, vous étiez aimé(e)s, ils/elles étaient aimé(e)s.*

- **Passé simple :** *je fus aimé(e), tu fus aimé(e), il/elle fut aimé(e), nous fûmes aimé(e)s, vous fûtes aimé(e)s, ils/elles furent aimé(e)s.*

- **Passé composé :** *j'ai été aimé(e), tu as été aimé(e), il/elle a été aimé(e), nous avons été aimé(e)s, vous avez été aimé(e)s, ils/elles ont été aimé(e)s.*

- **Futur antérieur :** *j'aurai été aimé(e), tu auras été aimé(e), il/elle aura été aimé(e), nous aurons été aimé(e)s, vous aurez été aimé(e)s, ils/elles auront été aimé(e)s.*

- **Plus-que-parfait :** *j'avais été aimé(e), tu avais été aimé(e), il/elle avait été aimé(e), nous avions été aimé(e)s, vous aviez été aimé(e)s, ils avaient été aimé(e)s.*

- **Passé antérieur :** *j'eus été aimé(e), tu eus été aimé(e), il/elle eut été aimé(e), nous eûmes été aimé(e)s, vous eûtes été aimé(e)s, ils/elles eurent été aimé(e)s.*

Conditionnel

- **Présent :** *je serais aimé(e), tu serais aimé(e), il/elle serait aimé(e), nous serions aimé(e)s, vous seriez aimé(e)s, ils/elles seraient aimé(e)s.*

✔ **Passé (1ʳᵉ forme) :** *j'aurais été aimé(e), tu aurais été aimé(e), il/elle aurait été aimé(e), nous aurions été aimé(e)s, vous auriez été aimé(e)s, ils/elles auraient été aimé(e)s.*

Subjonctif

✔ **Présent :** *que je sois aimé(e), que tu sois aimé(e), qu'il/elle soit aimé(e), que nous soyons aimé(e)s, que vous soyez aimé(e)s, qu'ils/elles soient aimé(e)s.*

✔ **Imparfait :** *que je fusse aimé(e), que tu fusses aimé(e), qu'il/elle fût aimé(e), que nous fussions aimé(e)s, que vous fussiez aimé(e)s, qu'ils/elles fussent aimé(e)s.*

✔ **Passé :** *que j'aie été aimé(e), que tu aies été aimé(e), qu'il/elle ait été aimé(e), que nous ayons été aimé(e)s, que vous ayez été aimé(e)s, qu'ils/elles aient été aimé(e)s.*

✔ **Plus-que-parfait :** *que j'eusse été aimé(e), que tu eusses été aimé(e), qu'il/elle eût été aimé(e), que nous eussions été aimé(e)s, que vous eussiez été aimé(e)s, qu'ils/elles eussent été aimé(e)s.*

Impératif

✔ **Présent :** *sois aimé(e), soyons aimé(e)s, soyez aimé(e)s.*

✔ **Passé :** *aie été aimé(e), ayons été aimé(e)s, ayez été aimé(e)s.*

Chapitre 17
La concordance des temps

Dans ce chapitre :
- Saisissez le système de la concordance des temps
- Assimilez quelques règles essentielles

Cependant, connaître les conjugaisons ne suffit pas : il faut aussi que vous sachiez comment les utiliser ! Après avoir évoqué les valeurs possibles des **modes** et des **temps**, intéressons-nous à l'harmonie essentielle de la **concordance des temps**. Comme son nom l'indique, la concordance des **temps** signale qu'il existe des règles pour faire fonctionner les **temps** entre eux ; et donc des alliances à éviter. Mais ces règles ne servent bien souvent qu'à attester ou donner un nom à un usage spontané : si vous énoncez une phrase à voix haute, c'est la plupart du temps un moyen suffisant pour savoir si elle « sonne » correcte ou bizarre… ! En cas de doute, des règles existent tout de même. Les voici.

La première de vos exigences consiste à savoir comment les deux propositions à faire « concorder » se situent chronologiquement l'une par rapport à l'autre. Il y a trois possibilités :

- la **simultanéité** : les deux propositions expriment des actions qui se passent en même temps (*Elle te demande où tu vas.*) ;
- l'**antériorité** : la proposition secondaire exprime une action qui prend place avant l'action exprimée par la proposition principale (*Elle te demande où tu es allé.*) ;
- la **postériorité** : la proposition secondaire exprime une action qui a lieu après l'action exprimée par la proposition principale (*Elle te demande où tu iras.*).

La simultanéité

Verbe principal au présent

Le **verbe** secondaire est alors :

- soit au **Présent** de l'**Indicatif** : *Il regarde ce que tu fais.* ;
- soit au **Présent** du **Subjonctif** : *Il veut que je lui obéisse. Elles apprécieraient que tu les accompagnes.*

Verbe principal au futur

Le **verbe** secondaire est alors :

- soit au **Présent** de l'**Indicatif** : *Nous t'expliquerons ce que tu dois faire. Vous me direz ce qu'ils en pensent.* ;
- soit au **Futur** de l'**Indicatif** : *Il regardera ce que tu feras. Nous te dirons ce que tu devras faire.* ;
- soit au **Présent** du **Subjonctif** : *Elle voudra que je vienne* (sous-entendu : *à ce moment-là*).

Verbe principal au passé

Le **verbe** secondaire est alors :

- soit au **Passé composé** de l'**Indicatif** : *Il a vu ce que tu as fait.* ;
- soit à l'**Imparfait** de l'**Indicatif** : *Il a aimé ce que je lisais.* ;
- soit au **Présent** du **Subjonctif** : *Elle a voulu que j'écrive.*

L'antériorité

Verbe principal au présent

Le **verbe** secondaire est alors :

- soit à l'**Imparfait** de l'**Indicatif** : *Je m'aperçois que tu allais souvent au théâtre avant.*

- soit au **Passé composé** de l'**Indicatif** : *Je vois bien que tu as grandi. Regarde ce que tu as fait !*

Verbe principal au futur

Le **verbe** secondaire est alors au **Passé composé** de l'**Indicatif** : *Je regarderai comment tu as avancé dans ton travail. Tu me diras ce que tu as découvert.*

Verbe principal au passé

Le **verbe** secondaire est alors à l'**Indicatif plus-que-parfait** : *Tu m'as fait croire que tu avais fini ton livre ! Tu me disais que tu l'avais lu...*

La postériorité

Verbe principal au présent

Le **verbe** secondaire est alors :

- soit au **Futur** de l'**Indicatif** : *Je me demande comment nous y arriverons. ;*
- soit au **Présent** du **Subjonctif** : *J'aimerais que tu viennes demain.*

Verbe principal au futur

Le **verbe** secondaire est alors au **Futur antérieur** de l'**Indicatif** : *Elles apprécieront ce que tu auras réussi à leur montrer.*

Verbe principal au passé

Le **verbe** secondaire est alors :

- soit au **Futur** de l'**Indicatif** : *Vous avez pensé à ce vous expliquerez à leurs parents ? ;*

✔ soit au **Présent** du **Conditionnel** (ou **Futur** dans le **Passé**) : *Ils ont imaginé comment le monde serait dans cent ans.*

Chapitre 18

Quelques verbes à la conjugaison délicate

Dans ce chapitre :
▶ Maîtrisez quelques cas difficiles

ACHETER

Indicatif

- **Présent :** *j'achète, tu achètes, il/elle achète, nous achetons, vous achetez, ils/elles achètent.*
- **Futur :** *j'achèterai, tu achèteras, il/elle achètera, nous achèterons, vous achèterez, ils/elles achèteront.*
- **Imparfait :** *j'achetais, tu achetais, il/elle achetait, nous achetions, vous achetiez, ils/elles achetaient.*
- **Passé simple :** *j'achetai, tu achetas, il/elle acheta, nous achetâmes, vous achetâtes, ils/elles achetèrent.*
- **Passé composé :** *j'ai acheté, tu as acheté, il/elle a acheté, nous avons acheté, vous avez acheté, ils/elles ont acheté.*
- **Futur antérieur :** *j'aurai acheté, tu auras acheté, il/elle aura acheté, nous aurons acheté, vous aurez acheté, ils/elles auront acheté.*
- **Plus-que-parfait :** *j'avais acheté, tu avais acheté, il/elle avait acheté, nous avions acheté, vous aviez acheté, ils/elles avaient acheté.*
- **Passé antérieur :** *j'eus acheté, tu eus acheté, il/elle eut acheté, nous eûmes acheté, vous eûtes acheté, ils/elles eurent acheté.*

Conditionnel

- **Présent :** *j'achèterais, tu achèterais, il/elle achèterait, nous achèterions, vous achèteriez, ils/elles achèteraient.*
- **Passé (1re forme) :** *j'aurais acheté, tu aurais acheté, il/elle aurait acheté, nous aurions acheté, vous auriez acheté, ils/elles auraient acheté.*

Subjonctif

- **Présent :** *que j'achète, que tu achètes, qu'il/elle achète, que nous achetions, que vous achetiez, qu'ils/elles achètent.*
- **Imparfait :** *que j'achetasse, que tu achetasses, qu'il/elle achetât, que nous achetassions, que vous achetassiez, qu'ils/elles achetassent.*
- **Passé :** *que j'aie acheté, que tu aies acheté, qu'il/elle ait acheté, que nous ayons acheté, que vous ayez acheté, qu'ils/elles aient acheté.*
- **Plus-que-parfait :** *que j'eusse acheté, que tu eusses acheté, qu'il/elle eût acheté, que nous eussions acheté, que vous eussiez acheté, qu'ils/elles eussent acheté.*

Impératif

- **Présent :** *achète, achetons, achetez.*
- **Passé :** *aie acheté, ayons acheté, ayez acheté.*

ACQUÉRIR

Indicatif

- **Présent :** *j'acquiers, tu acquiers, il/elle acquiert, nous acquérons, vous acquérez, ils/elles acquièrent.*
- **Futur :** *j'acquerrai, tu acquerras, il/elle acquerra, nous acquerrons, vous acquerrez, ils/elles acquerront.*
- **Imparfait :** *j'acquérais, tu acquérais, il/elle acquérait, nous acquérions, vous acquériez, ils/elles acquéraient.*
- **Passé simple :** *j'acquis, tu acquis, il/elle acquit, nous acquîmes, vous acquîtes, ils/elles acquirent.*
- **Passé composé :** *j'ai acquis, tu as acquis, il/elle a acquis, nous avons acquis, vous avez acquis, ils/elles ont acquis.*

Chapitre 18 : Quelques verbes à la conjugaison délicate **135**

- **Futur antérieur :** *j'aurai acquis, tu auras acquis, il/elle aura acquis, nous aurons acquis, vous aurez acquis, ils/elles auront acquis.*
- **Plus-que-parfait :** *j'avais acquis, tu avais acquis, il/elle avait acquis, nous avions acquis, vous aviez acquis, ils/elles avaient acquis.*
- **Passé antérieur :** *j'eus acquis, tu eus acquis, il/elle eut acquis, nous eûmes acquis, vous eûtes acquis, ils/elles eurent acquis.*

Conditionnel

- **Présent :** *j'acquerrais, tu acquerrais, il/elle acquerrait, nous acquerrions, vous acquerriez, ils/elles acquerraient.*
- **Passé (1re forme) :** *j'aurais acquis, tu aurais acquis, il/elle aurait acquis, nous aurions acquis, vous auriez acquis, ils/elles auraient acquis.*

Subjonctif

- **Présent :** *que j'acquière, que tu acquières, qu'il/elle acquière, que nous acquérions, que vous acquériez, qu'ils/elles acquièrent.*
- **Imparfait :** *que j'acquisse, que tu acquisses, qu'il/elle acquît, que nous acquissions, que vous acquissiez, qu'ils/elles acquissent.*
- **Passé :** *que j'aie acquis, que tu aies acquis, qu'il/elle ait acquis, que nous ayons acquis, que vous ayez acquis, qu'ils/elles aient acquis.*
- **Plus-que-parfait :** *que j'eusse acquis, que tu eusses acquis, qu'il/elle eût acquis, que nous eussions acquis, que vous eussiez acquis, qu'ils/elles eussent acquis.*

Impératif

- **Présent :** *acquiers, acquérons, acquérez.*
- **Passé :** *aie acquis, ayons acquis, ayez acquis.*

À qui ? Le verbe acquérir est particulièrement redoutable par son étrangeté, et l'**Indicatif Passé simple** est souvent source d'erreur : oui, on dit bien ***il acquit*** – et pas, comme on l'entend hélas souvent ***il acquérit*** !

APPELER

Indicatif

- **Présent :** j'appelle, tu appelles, il/elle appelle, nous appelons, vous appelez, ils/elles appellent.
- **Futur :** j'appellerai, tu appelleras, il/elle appellera, nous appellerons, vous appellerez, ils/elles appelleront.
- **Imparfait :** j'appelais, tu appelais, il/elle appelait, nous appelions, vous appeliez, ils/elles appelaient.
- **Passé simple :** j'appelai, tu appelas, il/elle appela, nous appelâmes, vous appelâtes, ils/elles appelèrent.
- **Passé composé :** j'ai appelé, tu as appelé, il/elle a appelé, nous avons appelé, vous avez appelé, ils/elles ont appelé.
- **Futur antérieur :** j'aurai appelé, tu auras appelé, il/elle aura appelé, nous aurons appelé, vous aurez appelé, ils/elles auront appelé.
- **Plus-que-parfait :** j'avais appelé, tu avais appelé, il/elle avait appelé, nous avions appelé, vous aviez appelé, ils/elles avaient appelé.
- **Passé antérieur :** j'eus appelé, tu eus appelé, il/elle eut appelé, nous eûmes appelé, vous eûtes appelé, ils/elles eurent appelé.

Conditionnel

- **Présent :** j'appellerais, tu appellerais, il/elle appellerait, nous appellerions, vous appelleriez, ils/elles appelleraient.
- **Passé (1re forme) :** j'aurais appelé, tu aurais appelé, il/elle aurait appelé, nous aurions appelé, vous auriez appelé, ils/elles auraient appelé.

Subjonctif

- **Présent :** que j'appelle, que tu appelles, qu'il/elle appelle, que nous appelions, que vous appeliez, qu'ils/elles appellent.
- **Imparfait :** que j'appelasse, que tu appelasses, qu'il/elle appelât, que nous appelassions, que vous appelassiez, qu'ils/elles appelassent.

↳ **Passé :** *que j'aie appelé, que tu aies appelé, qu'il/elle ait appelé, que nous ayons appelé, que vous ayez appelé, qu'ils/elles aient appelé.*

↳ **Plus-que-parfait :** *que j'eusse appelé, que tu eusses appelé, qu'il/elle eût appelé, que nous eussions appelé, que vous eussiez appelé, qu'ils/elles eussent appelé.*

Impératif

↳ **Présent :** *appelle, appelons, appelez.*

↳ **Passé :** *aie appelé, ayons appelé, ayez appelé.*

Un l ou deux ?

Le verbe *appeler* appartient à cette liste de verbes en *–eler* et *–eter* qui doublent le l ou le t. Cela vous semble difficile de savoir quand ? Pourtant il suffit de bien écouter : si vous entendez le son è, la consonne est doublée : *j'appelle* ; si vous ne l'entendez pas, la consonne reste solitaire : *j'ai appelé*. Maintenant que vous le savez, écoutez bien quand on vous appelle…

ASSEOIR

Indicatif

↳ **Présent :** *j'assieds, tu assieds, il/elle assied, nous asseyons, vous asseyez, ils/elles asseyent* OU *j'assois, tu assois, il/elle assoit, nous assoyons, vous assoyez, ils/elles assoient.*

↳ **Futur :** *j'assiérai, tu assiéras, il/elle assiéra, nous assiérons, vous assiérez, ils/elles assiéront* OU *j'assoirai, tu assoiras, il/elle assoira, nous assoirons, vous assoirez, ils/elles assoiront.*

↳ **Imparfait :** *j'asseyais, tu asseyais, il/elle asseyait, nous asseyions, vous asseyiez, ils/elles asseyaient* OU *j'assoyais, tu assoyais, il/elle assoyait, nous assoyions, vous assoyiez, ils/elles assoyaient.*

↳ **Passé simple :** *j'assis, tu assis, il/elle assit, nous assîmes, vous assîtes, ils/elles assirent.*

↳ **Passé composé :** *j'ai assis, tu as assis, il/elle a assis, nous avons assis, vous avez assis, ils/elles ont assis.*

> - **Futur antérieur :** *j'aurai assis, tu auras assis, il/elle aura assis, nous aurons assis, vous aurez assis, ils/elles auront assis.*
> - **Plus-que-parfait :** *j'avais assis, tu avais assis, il/elle avait assis, nous avions assis, vous aviez assis, ils/elles avaient assis.*
> - **Passé antérieur :** *j'eus assis, tu eus assis, il/elle eut assis, nous eûmes assis, vous eûtes assis, ils/elles eurent assis.*

Conditionnel

> - **Présent :** *j'assiérais, tu assiérais, il assiérait, nous assiérions, vous assiériez, ils assiéraient* OU *j'assoirais, tu assoirais, il/elle assoirait, nous assoirions, vous assoiriez, ils/elles assoiraient.*
> - **Passé (1ʳᵉ forme) :** *j'aurais assis, tu aurais assis, il/elle aurait assis, nous aurions assis, vous auriez assis, ils/elles auraient assis.*

Subjonctif

> - **Présent :** *que j'asseye, que tu asseyes, qu'il/elle asseye, que nous asseyions, que vous asseyiez, qu'ils/elles asseyent.*
> - **Imparfait :** *que j'assisse, que tu assisses, qu'il/elle assît, que nous assîmes, que vous assîtes, qu'ils/elles assissent.*
> - **Passé :** *que j'aie assis, que tu aies assis, qu'il/elle ait assis, que nous ayons assis, que vous ayez assis, qu'ils/elles aient assis.*
> - **Plus-que-parfait :** *que j'eusse assis, que tu eusses assis, qu'il/elle eût assis, que nous eussions assis, que vous eussiez assis, qu'ils/elles eussent assis.*

Impératif

> - **Présent :** *assieds* OU *assois, asseyons, asseyez.*
> - **Passé :** *aie assis, ayons assis, ayez assis.*

Je m'assieds ou je m'assois ?

Le verbe **asseoir** peut se conjuguer de deux façons différentes. Quel luxe : profitez-en pour varier les plaisirs ! Attention cependant à l'Impératif : on admet ***assieds-toi*** ou ***assois-toi***, mais pas ***assis-toi***, ***assis*** étant réservé à la forme du **Participe passé**.

CONCLURE

Indicatif

- **Présent :** *je conclus, tu conclus, il/elle conclut, nous concluons, vous concluez, ils/elles concluent.*
- **Futur :** *je conclurai, tu concluras, il/elle conclura, nous conclurons, vous conclurez, ils/elles concluront.*
- **Imparfait :** *je concluais, tu concluais, il/elle concluait, nous concluions, vous concluiez, ils/elles concluaient.*
- **Passé simple :** *je conclus, tu conclus, il/elle conclut, nous conclûmes, vous conclûtes, ils/elles conclurent.*
- **Passé composé :** *j'ai conclu, tu as conclu, il/elle a conclu, nous avons conclu, vous avez conclu, ils/elles ont conclu.*
- **Futur antérieur :** *j'aurai conclu, tu auras conclu, il/elle aura conclu, nous aurons conclu, vous aurez conclu, ils/elles auront conclu.*
- **Plus-que-parfait :** *j'avais conclu, tu avais conclu, il/elle avait conclu, nous avions conclu, vous aviez conclu, ils/elles avaient conclu.*
- **Passé antérieur :** *j'eus conclu, tu eus conclu, il/elle eut conclu, nous eûmes conclu, vous eûtes conclu, ils/elles eurent conclu.*

Conditionnel

- **Présent :** *je conclurais, tu conclurais, il/elle conclurait, nous conclurions, vous concluriez, ils/elles concluraient.*
- **Passé (1re forme) :** *j'aurais conclu, tu aurais conclu, il/elle aurait conclu, nous aurions conclu, vous auriez conclu, ils/elles auraient conclu.*

Subjonctif

- **Présent :** *que je conclue, que tu conclues, qu'il/elle conclue, que nous concluions, que vous concluiez, qu'ils/elles concluent.*
- **Imparfait :** *que je conclusse, que tu conclusses, qu'il/elle conclût, que nous conclussions, que vous conclussiez, qu'ils/elles conclussent.*
- **Passé :** *que j'aie conclu, que tu aies conclu, qu'il/elle ait conclu, que nous ayons conclu, que vous ayez conclu, qu'ils/elles aient conclu.*

✔ **Plus-que-parfait :** *que j'eusse conclu, que tu eusses conclu, qu'il/elle eût conclu, que nous eussions conclu, que vous eussiez conclu, qu'ils/elles eussent conclu.*

Impératif

✔ **Présent :** *conclus, concluons, concluez.*

✔ **Passé :** *aie conclu, ayons conclu, ayez conclu.*

COUDRE

Indicatif

✔ **Présent :** *je couds, tu couds, il/elle coud, nous cousons, vous cousez, ils/elles cousent.*

✔ **Futur :** *je coudrai, tu coudras, il/elle coudra, nous coudrons, vous coudrez, ils/elles coudront.*

✔ **Imparfait :** *je cousais, tu cousais, il/elle cousait, nous cousions, vous cousiez, ils/elles cousaient.*

✔ **Passé simple :** *je cousis, tu cousis, il/elle cousit, nous cousîmes, vous cousîtes, ils/elles cousirent.*

✔ **Passé composé :** *j'ai cousu, tu as cousu, il/elle a cousu, nous avons cousu, vous avez cousu, ils/elles ont cousu.*

✔ **Futur antérieur :** *j'aurai cousu, tu auras cousu, il/elle aura cousu, nous aurons cousu, vous aurez cousu, ils/elles auront cousu.*

✔ **Plus-que-parfait :** *j'avais cousu, tu avais cousu, il/elle avait cousu, nous avions cousu, vous aviez cousu, ils/elles avaient cousu.*

✔ **Passé antérieur :** *j'eus cousu, tu eus cousu, il/elle eut cousu, nous eûmes cousu, vous eûtes cousu, ils/elles eurent cousu.*

Conditionnel

✔ **Présent :** *je coudrais, tu coudrais, il/elle coudrait, nous coudrions, vous coudriez, ils/elles coudraient.*

✔ **Passé (1re forme) :** *j'aurais cousu, tu aurais cousu, il/elle aurait cousu, nous aurions cousu, vous auriez cousu, ils/elles auraient cousu.*

Subjonctif

- **Présent :** *que je couse, que tu couses, qu'il/elle couse, que nous cousions, que vous cousiez, qu'ils/elles cousent.*
- **Imparfait :** *que je cousisse, que tu cousisses, qu'il/elle cousît, que nous cousissions, que vous cousissiez, qu'ils/elles cousissent.*
- **Passé :** *que j'aie cousu, que tu aies cousu, qu'il/elle ait cousu, que nous ayons cousu, que vous ayez cousu, qu'ils/elles aient cousu.*
- **Plus-que-parfait :** *que j'eusse cousu, que tu eusses cousu, qu'il/elle eût cousu, que nous eussions cousu, que vous eussiez cousu, qu'ils/elles eussent cousu.*

Impératif

- **Présent :** *couds, cousons, cousez.*
- **Passé :** *aie cousu, ayons cousu, ayez cousu.*

COURIR

Indicatif

- **Présent :** *je cours, tu cours, il/elle court, nous courons, vous courez, ils/elles courent.*
- **Futur :** *je courrai, tu courras, il/elle courra, nous courrons, vous courrez, ils/elles courront.*
- **Imparfait :** *je courais, tu courais, il/elle courait, nous courions, vous couriez, ils/elles couraient.*
- **Passé simple :** *je courus, tu courus, il/elle courut, nous courûmes, vous courûtes, ils/elles coururent.*
- **Passé composé :** *j'ai couru, tu as couru, il/elle a couru, nous avons couru, vous avez couru, ils/elles ont couru.*
- **Futur antérieur :** *j'aurai couru, tu auras couru, il/elle aura couru, nous aurons couru, vous aurez couru, ils/elles auront couru.*
- **Plus-que-parfait :** *j'avais couru, tu avais couru, il/elle avait couru, nous avions couru, vous aviez couru, ils/elles avaient couru.*

- **Passé antérieur :** *j'eus couru, tu eus couru, il/elle eut couru, nous eûmes couru, vous eûtes couru, ils/elles eurent couru.*

Conditionnel

- **Présent :** je courrais, tu courrais, il/elle courrait, nous courrions, vous courriez, ils/elles courraient.
- **Passé (1ʳᵉ forme) :** j'aurais couru, tu aurais couru, il/elle aurait couru, nous aurions couru, vous auriez couru, ils/elles auraient couru.

Subjonctif

- **Présent :** *que je coure, que tu coures, qu'il/elle coure, que nous courions, que vous couriez, qu'ils/elles courent.*
- **Imparfait :** *que je courusse, que tu courusses, qu'il/elle courût, que nous courussions, que vous courussiez, qu'ils/elles courussent.*
- **Passé :** *que j'aie couru, que tu aies couru, qu'il/elle ait couru, que nous ayons couru, que vous ayez couru, qu'ils/elles aient couru.*
- **Plus-que-parfait :** *que j'eusse couru, que tu eusses couru, qu'il/elle eût couru, que nous eussions couru, que vous eussiez couru, qu'ils/elles eussent couru.*

Impératif

- **Présent :** *cours, courons, courez.*
- **Passé :** *aie couru, ayons couru, ayez couru.*

Un r ou deux ?

Courir est un verbe dont le nombre de r varie ? Ne vous faites donc pas tant de souci, ce n'est pas si difficile : il ne prend en fait deux r qu'à l'**Indicatif futur** et au **Conditionnel présent**. Sinon, il n'a qu'un seul r !

CRÉER

Indicatif

- **Présent :** *je crée, tu crées, il/elle crée, nous créons, vous créez, ils/elles créent.*
- **Futur :** *je créerai, tu créeras, il/elle créera, nous créerons, vous créerez, ils/elles créeront.*
- **Imparfait :** *je créais, tu créais, il/elle créa, nous créions, vous créiez, ils/elles créaient.*
- **Passé simple :** *je créai, tu créas, il/elle créa, nous créâmes, vous créâtes, ils/elles créèrent.*
- **Passé composé :** *j'ai créé, tu as créé, il/elle a créé, nous avons créé, vous avez créé, ils/elles ont créé.*
- **Futur antérieur :** *j'aurai créé, tu auras créé, il/elle aura créé, nous aurons créé, vous aurez créé, ils/elles auront créé.*
- **Plus-que-parfait :** *j'avais créé, tu avais créé, il/elle avait créé, nous avions créé, vous aviez créé, ils/elles avaient créé.*
- **Passé antérieur :** *j'eus créé, tu eus créé, il/elle eut créé, nous eûmes créé, vous eûtes créé, ils/elles eurent créé.*

Conditionnel

- **Présent :** *je créerais, tu créerais, il/elle créerait, nous créerions, vous créeriez, ils/elles créeraient.*
- **Passé (1re forme) :** *j'aurais créé, tu aurais créé, il/elle aurait créé, nous aurions créé, vous auriez créé, ils/elles auraient créé.*

Subjonctif

- **Présent :** *que je crée, que tu crées, qu'il/elle crée, que nous créions, que vous créiez, qu'ils/elles créent.*
- **Imparfait :** *que je créasse, que tu créasses, qu'il/elle créât, que nous créassions, que vous créassiez, qu'ils/elles créassent.*
- **Passé :** *que j'aie créé, que tu aies créé, qu'il/elle ait créé, que nous ayons créé, que vous ayez créé, qu'ils/elles aient créé.*

✔ **Plus-que-parfait :** *que j'eusse créé, que tu eusses créé, qu'il/elle eût créé, que nous eussions créé, que vous eussiez créé, qu'ils/elles eussent créé.*

Impératif

✔ **Présent :** *crée, créons, créez.*

✔ **Passé :** *aie créé, ayons créé, ayez créé.*

L'omelette a trois e

... et le verbe **créer** aussi, parfois ! Si si, regardez bien : quand on le conjugue au **Participe passé**, et qu'on l'accorde au féminin il s'écrit **créée**. 3 e ! C'est assez rare pour s'en souvenir, vous ne trouvez pas ?

CROIRE

Indicatif

✔ **Présent :** *je crois, tu crois, il/elle croit, nous croyons, vous croyez, ils/elles croient.*

✔ **Futur :** *je croirai, tu croiras, il/elle croira, nous croirons, vous croirez, ils/elles croiront.*

✔ **Imparfait :** *je croirais, tu croirais, il/elle croirait, nous croirions, vous croiriez, ils/elles croiraient.*

✔ **Passé simple :** *je crus, tu crus, il/elle crut, nous crûmes, vous crûtes, ils/elles crurent.*

✔ **Passé composé :** *j'ai cru, tu as cru, il/elle a cru, nous avons cru, vous avez cru, ils/elles ont cru.*

✔ **Futur antérieur :** *j'aurai cru, tu auras cru, il/elle aura cru, nous aurons cru, vous aurez cru, ils/elles auront cru.*

✔ **Plus-que-parfait :** *j'avais cru, tu avais cru, il/elle avait cru, nous avions cru, vous aviez cru, ils/elles avaient cru.*

✔ **Passé antérieur :** *j'eus cru, tu eus cru, il/elle eut cru, nous eûmes cru, vous eûtes cru, ils/elles eurent cru.*

Conditionnel

- **Présent :** *je croirais, tu croirais, il/elle croirait, nous croirions, vous croiriez, ils/elles croiraient.*
- **Passé (1re forme) :** *j'aurais cru, tu aurais cru, il/elle aurait cru, nous aurions cru, vous auriez cru, ils/elles auraient cru.*

Subjonctif

- **Présent :** *que je croie, que tu croies, qu'il/elle croie, que nous croyions, que vous croyiez, qu'ils/elles croient.*
- **Imparfait :** *que je crusse, que tu crusses, qu'il/elle crût, que nous crussions, que vous crussiez, qu'ils/elles crussent.*
- **Passé :** *que j'aie cru, que tu aies cru, qu'il/elle ait cru, que nous ayons cru, que vous ayez cru, qu'ils/elles aient cru.*
- **Plus-que-parfait :** *que j'eusse cru, que tu eusses cru, qu'il/elle eût cru, que nous eussions cru, que vous eussiez cru, qu'ils/elles eussent cru.*

Impératif

- **Présent :** *crois, croyons, croyez.*
- **Passé :** *aie cru, ayons cru, ayez cru.*

Croire/Croître

Le verbe *croire* se rapproche du verbe *croître* (grandir), et c'est pourquoi le deuxième garde son accent circonflexe : pour éviter les confusions. N'allez donc pas en rajouter indûment au verbe *croire* !

Autre écueil à éviter : l'amalgame de la 3e personne du pluriel à l'**Indicatif présent** avec le verbe *devoir*, qui donne si familièrement le fameux « *ils croivent* » ! À éviter absolument : *ils doivent* oui, mais *ils croient* !

CUEILLIR

Indicatif

- **Présent :** *je cueille, tu cueilles, il/elle cueille, nous cueillons, vous cueillez, ils/elles cueillent.*

- **Futur :** *je cueillerai, tu cueilleras, il/elle cueillera, nous cueillerons, vous cueillerez, ils/elles cueilleront.*
- **Imparfait :** *je cueillerais, tu cueillerais, il/elle cueillerait, nous cueillerions, vous cueilleriez, ils/elles cueilleraient.*
- **Passé simple :** *je cueillis, tu cueillis, il/elle cueillit, nous cueillîmes, vous cueillîtes, ils/elles cueillirent.*
- **Passé composé :** *j'ai cueilli, tu as cueilli, il/elle a cueilli, nous avons cueilli, vous avez cueilli, ils/elles ont cueilli.*
- **Futur antérieur :** *j'aurai cueilli, tu auras cueilli, il/elle aura cueilli, nous aurons cueilli, vous aurez cueilli, ils/elles auront cueilli.*
- **Plus-que-parfait :** *j'avais cueilli, tu avais cueilli, il/elle avait cueilli, nous avions cueilli, vous aviez cueilli, ils/elles avaient cueilli.*
- **Passé antérieur :** *j'eus cueilli, tu eus cueilli, il/elle eut cueilli, nous eûmes cueilli, vous eûtes cueilli, ils/elles eurent cueilli.*

Conditionnel

- **Présent :** *je cueillerais, tu cueillerais, il/elle cueillerait, nous cueillerions, vous cueilleriez, ils/elles cueilleraient.*
- **Passé (1re forme) :** *j'aurais cueilli, tu aurais cueilli, il/elle aurait cueilli, nous aurions cueilli, vous auriez cueilli, ils/elles auraient cueilli.*

Subjonctif

- **Présent :** *que je cueille, que tu cueilles, qu'il/elle cueille, que nous cueillions, que vous cueilliez, qu'ils/elles cueillent.*
- **Imparfait :** *que je cueillisse, que tu cueillisses, qu'il/elle cueillît, que nous cueillissions, que vous cueillissiez, qu'ils/elles cueillissent.*
- **Passé :** *que j'aie cueilli, que tu aies cueilli, qu'il/elle ait cueilli, que nous ayons cueilli, que vous ayez cueilli, qu'ils/elles aient cueilli.*
- **Plus-que-parfait :** *que j'eusse cueilli, que tu eusses cueilli, qu'il/elle eût cueilli, que nous eussions cueilli, que vous eussiez cueilli, qu'ils/elles eussent cueilli.*

Impératif

- **Présent :** *cueille, cueillons, cueillez.*
- **Passé :** *aie cueilli, ayons cueilli, ayez cueilli.*

Ue ou eu ?

Le verbe **cueillir** peut vous poser quelques dilemmes orthographiques : où se met donc ce fameux u ? Eh bien ne cherchez plus : il est toujours avant le e ! Ainsi cela permet de bien donner sa forme dure au c qui, sinon, s'adoucirait. Ça tombe bien, c'est pareil avec le mot *écueil*… quand on en parle !

HAÏR

Indicatif

- **Présent :** *je hais, tu hais, il/elle hait, nous haïssons, vous haïssez, ils/elles haïssent.*
- **Futur :** *je haïrai, tu haïras, il/elle haïra, nous haïrons, vous haïrez, ils/elles haïront.*
- **Imparfait :** *je haïrais, tu haïrais, il/elle haïrait, nous haïrions, vous haïriez, ils/elles haïraient.*
- **Passé simple :** *je haïs, tu haïs, il/elle haït, nous haïmes, vous haïtes, ils/elles haïrent.*
- **Passé composé :** *j'ai haï, tu as haï, il/elle a haï, nous avons haï, vous avez haï, ils/elles ont haï.*
- **Futur antérieur :** *j'aurai haï, tu auras haï, il/elle aura haï, nous aurons haï, vous aurez haï, ils/elles auront haï.*
- **Plus-que-parfait :** *j'avais haï, tu avais haï, il/elle avait haï, nous avions haï, vous aviez haï, ils/elles avaient haï.*
- **Passé antérieur :** *j'eus haï, tu eus haï, il/elle eut haï, nous eûmes haï, vous eûtes haï, ils/elles eurent haï.*

Conditionnel

- **Présent :** *je haïrais, tu haïrais, il/elle haïrait, nous haïrions, vous haïriez, ils/elles haïraient.*

✔ **Passé (1ʳᵉ forme)** : *j'aurais haï, tu aurais haï, il/elle aurait haï, nous aurions haï, vous auriez haï, ils/elles auraient haï.*

Subjonctif

✔ **Présent** : *que je haïsse, que tu haïsses, qu'il/elle haïsse, que nous haïssions, que vous haïssiez, qu'ils/elles haïssent.*

✔ **Imparfait** : *que je haïsse, que tu haïsses, qu'il/elle haïsse, que nous haïssions, que vous haïssiez, qu'ils/elles haïssent.*

✔ **Passé** : *que j'aie haï, que tu aies haï, qu'il/elle ait haï, que nous ayons haï, que vous ayez haï, qu'ils/elles aient haï.*

✔ **Plus-que-parfait** : *que j'eusse haï, que tu eusses haï, qu'il/elle eût haï, que nous eussions haï, que vous eussiez haï, qu'ils/elles eussent haï.*

Impératif

✔ **Présent** : *hais, haïssons, haïssez.*
✔ **Passé** : *aie haï, ayons haï, ayez haï.*

JETER

Indicatif

✔ **Présent** : *je jette, tu jettes, il/elle jette, nous jetons, vous jetez, ils/elles jettent.*

✔ **Futur** : *je jetterai, tu jetteras, il/elle jettera, nous jetterons, vous jetterez, ils/elles jetteront.*

✔ **Imparfait** : *je jetterais, tu jetterais, il/elle jetterait, nous jetterions, vous jetteriez, ils/elles jetteraient.*

✔ **Passé simple** : *je jetai, tu jetas, il/elle jeta, nous jetâmes, vous jetâtes, ils/elles jetèrent.*

✔ **Passé composé** : *j'ai jeté, tu as jeté, il/elle a jeté, nous avons jeté, vous avez jeté, ils/elles ont jeté.*

✔ **Futur antérieur** : *j'aurai jeté, tu auras jeté, il/elle aura jeté, nous aurons jeté, vous aurez jeté, ils/elles auront jeté.*

✔ **Plus-que-parfait** : *j'avais jeté, tu avais jeté, il/elle avait jeté, nous avions jeté, vous aviez jeté, ils/elles avaient jeté.*

- **Passé antérieur :** *j'eus jeté, tu eus jeté, il/elle eut jeté, nous eûmes jeté, vous eûtes jeté, ils/elles eurent jeté.*

Conditionnel

- **Présent :** *je jetterais, tu jetterais, il/elle jetterait, nous jetterions, vous jetteriez, ils/elles jetteraient.*
- **Passé (1ʳᵉ forme) :** *j'aurais jeté, tu aurais jeté, il/elle aurait jeté, nous aurions jeté, vous auriez jeté, ils/elles auraient jeté.*

Subjonctif

- **Présent :** *que je jette, que tu jettes, qu'il/elle jette, que nous jetions, que vous jetiez, qu'ils/elles jettent.*
- **Imparfait :** *que je jetasse, que tu jetasses, qu'il/elle jetât, que nous jetassions, que vous jetassiez, qu'ils/elles jetassent.*
- **Passé :** *que j'aie jeté, que tu aies jeté, qu'il/elle ait jeté, que nous ayons jeté, que vous ayez jeté, qu'ils/elles aient jeté.*
- **Plus-que-parfait :** *que j'eusse jeté, que tu eusses jeté, qu'il/elle eût jeté, que nous eussions jeté, que vous eussiez jeté, qu'ils/elles eussent jeté.*

Impératif

- **Présent :** *jette, jetons, jetez.*
- **Passé :** *aie jeté, ayons jeté, ayez jeté.*

LIRE

Indicatif

- **Présent :** *je lis, tu lis, il/elle lit, nous lisons, vous lisez, ils/elles lisent.*
- **Futur :** *je lirai, tu liras, il/elle lira, nous lirons, vous lirez, ils/elles liront.*
- **Imparfait :** *je lirais, tu lirais, il/elle lirait, nous lirions, vous liriez, ils/elles liraient.*
- **Passé simple :** *je lus, tu lus, il/elle lut, nous lûmes, vous lûtes, ils/elles lurent.*

- **Passé composé :** *j'ai lu, tu as lu, il/elle a lu, nous avons lu, vous avez lu, ils/elles ont lu.*
- **Futur antérieur :** *j'aurai lu, tu auras lu, il/elle aura lu, nous aurons lu, vous aurez lu, ils/elles auront lu.*
- **Plus-que-parfait :** *j'avais lu, tu avais lu, il/elle avait lu, nous avions lu, vous aviez lu, ils/elles avaient lu.*
- **Passé antérieur :** *j'eus lu, tu eus lu, il/elle eut lu, nous eûmes lu, vous eûtes lu, ils/elles eurent lu.*

Conditionnel

- **Présent :** *je lirais, tu lirais, il/elle lirait, nous lirions, vous liriez, ils/elles liraient.*
- **Passé (1re forme) :** *j'aurais lu, tu aurais lu, il/elle aurait lu, nous aurions lu, vous auriez lu, ils/elles auraient lu.*

Subjonctif

- **Présent :** *que je lise, que tu lises, qu'il/elle lise, que nous lisions, que vous lisiez, qu'ils/elles lisent.*
- **Imparfait :** *que je lusse, que tu lusses, qu'il/elle lût, que nous lussions, que vous lussiez, qu'ils/elles lussent.*
- **Passé :** *que j'aie lu, que tu aies lu, qu'il/elle ait lu, que nous ayons lu, que vous ayez lu, qu'ils/elles aient lu.*
- **Plus-que-parfait :** *que j'eusse lu, que tu eusses lu, qu'il/elle eût lu, que nous eussions lu, que vous eussiez lu, qu'ils/elles eussent lu.*

Impératif

- **Présent :** *lis, lisons, lisez.*
- **Passé :** *aie lu, ayons lu, ayez lu.*

METTRE

Indicatif

- **Présent :** *je mets, tu mets, il/elle met, nous mettons, vous mettez, ils/elles mettent.*
- **Futur :** *je mettrai, tu mettras, il/elle mettra, nous mettrons, vous mettrez, ils/elles mettront.*

- **Imparfait :** *je mettrais, tu mettrais, il/elle mettrait, nous mettrions, vous mettriez, ils/elles mettraient.*
- **Passé simple :** *je mis, tu mis, il/elle mit, nous mîmes, vous mîtes, ils/elles mirent.*
- **Passé composé :** *j'ai mis, tu as mis, il/elle a mis, nous avons mis, vous avez mis, ils/elles ont mis.*
- **Futur antérieur :** *j'aurai mis, tu auras mis, il/elle aura mis, nous aurons mis, vous aurez mis, ils/elles auront mis.*
- **Plus-que-parfait :** *j'avais mis, tu avais mis, il/elle avait mis, nous avions mis, vous aviez mis, ils/elles avaient mis.*
- **Passé antérieur :** *j'eus mis, tu eus mis, il/elle eut mis, nous eûmes mis, vous eûtes mis, ils/elles eurent mis.*

Conditionnel

- **Présent :** *je mettrais, tu mettrais, il/elle mettrait, nous mettrions, vous mettriez, ils/elles mettraient.*
- **Passé (1ʳᵉ forme) :** *j'aurais mis, tu aurais mis, il/elle aurait mis, nous aurions mis, vous auriez mis, ils/elles auraient mis.*

Subjonctif

- **Présent :** *que je mette, que tu mettes, qu'il/elle mette, que nous mettions, que vous mettiez, qu'ils/elles mettent.*
- **Imparfait :** *que je misse, que tu misses, qu'il/elle mît, que nous missions, que vous missiez, qu'ils/elles missent.*
- **Passé :** *que j'aie mis, que tu aies mis, qu'il/elle ait mis, que nous ayons mis, que vous ayez mis, qu'ils/elles aient mis.*
- **Plus-que-parfait :** *que j'eusse mis, que tu eusses mis, qu'il/elle eût mis, que nous eussions mis, que vous eussiez mis, qu'ils/elles eussent mis.*

Impératif

- **Présent :** *mets, mettons, mettez.*
- **Passé :** *aie mis, ayons mis, ayez mis.*

MOURIR

Indicatif

- **Présent :** *je meurs, tu meurs, il/elle meurt, nous mourons, vous mourez, ils/elles meurent.*
- **Futur :** *je mourrai, tu mourras, il/elle mourra, nous mourrons, vous mourrez, ils/elles mourront.*
- **Imparfait :** *je mourais, tu mourais, il/elle mourait, nous mourions, vous mouriez, ils/elles mouraient.*
- **Passé simple :** *je mourus, tu mourus, il/elle mourut, nous mourûmes, vous mourûtes, ils/elles moururent.*
- **Passé composé :** *je suis mort(e), tu es mort(e), il/elle est mort(e), nous sommes mort(e)s, vous êtes mort(e)s, ils/elles sont mort(e)s.*
- **Futur antérieur :** *je serai mort(e), tu seras mort(e), il/elle sera mort(e), nous serons mort(e)s, vous serez mort(e)s, ils/elles seront mort(e)s.*
- **Plus-que-parfait :** *j'étais mort(e), tu étais mort(e), il/elle était mort(e), nous étions mort(e)s, vous étiez mort(e)s, ils/elles étaient mort(e)s.*
- **Passé antérieur :** *je fus mort(e), tu fus mort(e), il/elle fut mort(e), nous fûmes mort(e)s, vous fûtes mort(e)s, ils/elles furent mort(e)s.*

Conditionnel

- **Présent :** *je mourrais, tu mourrais, il/elle mourrait, nous mourrions, vous mourriez, ils/elles mourraient.*
- **Passé (1re forme) :** *je serais mort(e), tu serais mort(e), il/elle serait mort(e), nous serions mort(e)s, vous seriez mort(e)s, ils/elles seraient mort(e)s.*

Subjonctif

- **Présent :** *que je meure, que tu meures, qu'il/elle meure, que nous mourions, que vous mouriez, qu'ils/elles meurent.*
- **Imparfait :** *que je mourusse, que tu mourusses, qu'il/elle mourût, que nous mourussions, que vous mourussiez, qu'ils/elles mourussent.*

- **Passé :** *que je sois mort(e), que tu sois mort(e), qu'il/elle soit mort(e), que nous soyons mort(e)s, que vous soyez mort(e)s, qu'ils/elles soient mort(e)s.*

- **Plus-que-parfait :** *que je fusse mort(e), que tu fusses mort(e), qu'il/elle fût mort(e), que nous fussions mort(e)s, que vous fussiez mort(e)s, qu'ils/elles fussent mort(e)s.*

Impératif

- **Présent :** *meurs, mourons, mourez.*
- **Passé :** *sois mort(e), soyons mort(e)s, soyez mort(e)s.*

NAÎTRE

Indicatif

- **Présent :** *je nais, tu nais, il/elle naît, nous naissons, vous naissez, ils/elles naissent.*

- **Futur :** *je naîtrai, tu naîtras, il/elle naîtra, nous naîtrons, vous naîtrez, ils/elles naîtront.*

- **Imparfait :** *je naissais, tu naissais, il/elle naissait, nous naissions, vous naissiez, ils/elles naissaient.*

- **Passé simple :** *je naquis, tu naquis, il/elle naquit, nous naquîmes, vous naquîtes, ils/elles naquirent.*

- **Passé composé :** *je suis né(e), tu es né(e), il/elle est né(e), nous sommes né(e)s, vous êtes né(e)s, ils/elles sont né(e)s.*

- **Futur antérieur :** *je serai né(e)tu seras né(e), il/elle sera né(e), nous serons né(e)s, vous serez né(e)s, ils/elles seront né(e)s.*

- **Plus-que-parfait :** *j'étais né(e), tu étais né(e), il/elle était né(e), nous étions né(e)s, vous étiez né(e)s, ils/elles étaient né(e)s.*

- **Passé antérieur :** *je fus né(e), tu fus né(e), il/elle fut né(e), nous fûmes né(e)s, vous fûtes né(e)s, ils/elles furent né(e)s.*

Conditionnel

- **Présent :** *je naîtrais, tu naîtrais, il/elle naîtrait, nous naîtrions, vous naîtriez, ils/elles naîtraient.*

> ✓ **Passé (1ʳᵉ forme) :** *je serais né(e), tu serais né(e), il/elle serait né(e), nous serions né(e)s, vous seriez né(e)s, ils/elles seraient né(e)s.*

Subjonctif

> ✓ **Présent :** *que je naisse, que tu naisses, qu'il/elle naisse, que nous naissions, que vous naissiez, qu'ils/elles naissent.*
>
> ✓ **Imparfait :** *que je naquisse, que tu naquisses, qu'il/elle naquît, que nous naquissions, que vous naquissiez, qu'ils/elles naquissent.*
>
> ✓ **Passé :** *que je sois né(e), que tu sois né(e), qu'il/elle soit né(e), que nous soyons né(e)s, que vous soyez né(e)s, qu'ils/elles soient né(e)s.*
>
> ✓ **Plus-que-parfait :** *que je fusse né(e), que tu fusses né(e), qu'il/elle fût né(e), que nous fussions né(e)s, que vous fussiez né(e)s, qu'ils/elles fussent né(e)s.*

Impératif

> ✓ **Présent :** *nais, naissons, naissez.*
>
> ✓ **Passé :** *sois né(e), soyons né(e)s, soyez né(e)s.*

Naître et mourir

Ces deux verbes présentent une similitude : la surprise de leur **Indicatif passé composé**. Non, on ne dit pas « *j'ai mouru* » mais *je suis mort(e)* et, de même, *je suis né(e)*...

PEINDRE

Indicatif

> ✓ **Présent :** *je peins, tu peins, il/elle peint, nous peignons, vous peignez, ils/elles peignent.*
>
> ✓ **Futur :** *je peindrai, tu peindras, il/elle peindra, nous peindrons, vous peindrez, ils/elles peindront.*

✔ **Imparfait :** *je peignais, tu peignais, il/elle peignait, nous peignions, vous peigniez, ils/elles peignaient.*

✔ **Passé simple :** *je peignis, tu peignis, il/elle peignit, nous peignîmes, vous peignîtes, ils/elles peignirent.*

✔ **Passé composé :** *j'ai peint, tu as peint, il/elle a peint, nous avons peint, vous avez peint, ils/elles ont peint.*

✔ **Futur antérieur :** *j'aurai peint, tu auras peint, il/elle aura peint, nous aurons peint, vous aurez peint, ils/elles auront peint.*

✔ **Plus-que-parfait :** *j'avais peint, tu avais peint, il/elle avait peint, nous avions peint, vous aviez peint, ils/elles avaient peint.*

✔ **Passé antérieur :** *j'eus peint, tu eus peint, il/elle eut peint, nous eûmes peint, vous eûtes peint, ils/elles eurent peint.*

Conditionnel

✔ **Présent :** *je peindrais, tu peindrais, il/elle peindrait, nous peindrions, vous peindriez, ils/elles peindraient.*

✔ **Passé (1re forme) :** *j'aurais peint, tu aurais peint, il/elle aurait peint, nous aurions peint, vous auriez peint, ils/elles auraient peint.*

Subjonctif

✔ **Présent :** *que je peigne, que tu peignes, qu'il/elle peigne, que nous peignions, que vous peigniez, qu'ils/elles peignent.*

✔ **Imparfait :** *que je peignisse, que tu peignisses, qu'il/elle peignît, que nous peignissions, que vous peignissiez, qu'ils/elles peignissent.*

✔ **Passé :** *que j'aie peint, que tu aies peint, qu'il/elle ait peint, que nous ayons peint, que vous ayez peint, qu'ils/elles aient peint.*

✔ **Plus-que-parfait :** *que j'eusse peint, que tu eusses peint, qu'il/elle eût peint, que nous eussions peint, que vous eussiez peint, qu'ils/elles eussent peint.*

Impératif

✔ **Présent :** *peins, peignons, peignez.*

✔ **Passé :** *aie peint, ayons peint, ayez peint.*

RÉSOUDRE

Indicatif

- **Présent :** *je résous, tu résous, il/elle résout, nous résolvons, vous résolvez, ils/elles résolvent.*
- **Futur :** *je résoudrai, tu résoudras, il/elle résoudra, nous résoudrons, vous résoudrez, ils/elles résoudront.*
- **Imparfait :** *je résolvais, tu résolvais, il/elle résolvait, nous résolvions, vous résolviez, ils/elles résolvaient.*
- **Passé simple :** *je résolus, tu résolus, il/elle résolut, nous résolûmes, vous résolûtes, ils/elles résolurent.*
- **Passé composé :** *j'ai résolu, tu as résolu, il/elle a résolu, nous avons résolu, vous avez résolu, ils/elles ont résolu.*
- **Futur antérieur :** *j'aurai résolu, tu auras résolu, il/elle aura résolu, nous aurons résolu, vous aurez résolu, ils/elles auront résolu.*
- **Plus-que-parfait :** *j'avais résolu, tu avais résolu, il/elle avait résolu, nous avions résolu, vous aviez résolu, ils/elles avaient résolu.*
- **Passé antérieur :** *j'eus résolu, tu eus résolu, il/elle eut résolu, nous eûmes résolu, vous eûtes résolu, ils/elles eurent résolu.*

Conditionnel

- **Présent :** *je résoudrais, tu résoudrais, il/elle résoudrait, nous résoudrions, vous résoudriez, ils/elles résoudraient.*
- **Passé (1re forme) :** *j'aurais résolu, tu aurais résolu, il/elle aurait résolu, nous aurions résolu, vous auriez résolu, ils/elles auraient résolu.*

Subjonctif

- **Présent :** *que je résolve, que tu résolves, qu'il/elle résolve, que nous résolvions, que vous résolviez, qu'ils/elles résolvent.*
- **Imparfait :** *que je résolusse, que tu résolusses, qu'il/elle résolût, que nous résolussions, que vous résolussiez, qu'ils/elles résolussent.*
- **Passé :** *que j'aie résolu, que tu aies résolu, qu'il/elle ait résolu, que nous ayons résolu, que vous ayez résolu, qu'ils/elles aient résolu.*

Chapitre 18 : Quelques verbes à la conjugaison délicate

- **Plus-que-parfait :** *que j'eusse résolu, que tu eusses résolu, qu'il/elle eût résolu, que nous eussions résolu, que vous eussiez résolu, qu'ils/elles eussent résolu.*

Impératif

- **Présent :** *résous, résolvons, résolvez.*
- **Passé :** *aie résolu, ayons résolu, ayez résolu.*

VAINCRE

Indicatif

- **Présent :** *je vaincs, tu vaincs, il/elle vainc, nous vainquons, vous vainquez, ils/elles vainquent.*
- **Futur :** *je vaincrai, tu vaincras, il/elle vaincra, nous vaincrons, vous vaincrez, ils/elles vaincront.*
- **Imparfait :** *je vainquais, tu vainquais, il/elle vainquait, nous vainquions, vous vainquiez, ils/elles vainquaient.*
- **Passé simple :** *je vainquis, tu vainquis, il/elle vainquit, nous vainquîmes, vous vainquîtes, ils/elles vainquirent.*
- **Passé composé :** *j'ai vaincu, tu as vaincu, il/elle a vaincu, nous avons vaincu, vous avez vaincu, ils/elles ont vaincu.*
- **Futur antérieur :** *j'aurai vaincu, tu auras vaincu, il/elle aura vaincu, nous aurons vaincu, vous aurez vaincu, ils/elles auront vaincu.*
- **Plus-que-parfait :** *j'avais vaincu, tu avais vaincu, il/elle avait vaincu, nous avions vaincu, vous aviez vaincu, ils/elles avaient vaincu.*
- **Passé antérieur :** *j'eus vaincu, tu eus vaincu, il/elle eut vaincu, nous eûmes vaincu, vous eûtes vaincu, ils/elles eurent vaincu.*

Conditionnel

- **Présent :** *je vaincrais, tu vaincrais, il/elle vaincrait, nous vaincrions, vous vaincriez, ils/elles vaincraient.*
- **Passé (1re forme) :** *j'aurais vaincu, tu aurais vaincu, il/elle aurait vaincu, nous aurions vaincu, vous auriez vaincu, ils/elles auraient vaincu.*

Subjonctif

- **Présent :** *que je vainque, que tu vainques, qu'il/elle vainque, que nous vainquions, que vous vainquiez, qu'ils/elles vainquent.*
- **Imparfait :** *que je vainquisse, que tu vainquisses, qu'il/elle vainquît, que nous vainquissions, que vous vainquissiez, qu'ils/elles vainquissent.*
- **Passé :** *que j'aie vaincu, que tu aies vaincu, qu'il/elle ait vaincu, que nous ayons vaincu, que vous ayez vaincu, qu'ils/elles aient vaincu.*
- **Plus-que-parfait :** *que j'eusse vaincu, que tu eusses vaincu, qu'il/elle eût vaincu, que nous eussions vaincu, que vous eussiez vaincu, qu'ils/elles eussent vaincu.*

Impératif

- **Présent :** *vaincs, vainquons, vainquez.*
- **Passé :** *aie vaincu, ayons vaincu, ayez vaincu.*

VENIR

Indicatif

- **Présent :** *je viens, tu viens, il/elle vient, nous venons, vous venez, ils/elles viennent.*
- **Futur :** *je viendrai, tu viendras, il/elle viendra, nous viendrons, vous viendrez, ils/elles viendront.*
- **Imparfait :** *je venais, tu venais, il/elle venait, nous venions, vous veniez, ils/elles venaient.*
- **Passé simple :** *je vins, tu vins, il/elle vint, nous vînmes, vous vîntes, ils/elles vinrent.*
- **Passé composé :** *je suis venu(e), tu es venu(e), il/elle est venu(e), nous sommes venu(e)s, vous êtes venu(e)s, ils/elles sont venu(e)s.*
- **Futur antérieur :** *je serai venu(e), tu seras venu(e), il/elle sera venu(e), nous serons venu(e), vous serez venu(e), ils/elles seront venu(e).*
- **Plus-que-parfait :** *j'étais venu(e), tu étais venu(e), il/elle était venu(e), nous étions venu(e)s, vous étiez venu(e)s, ils/elles étaient venu(e)s.*

Chapitre 18 : Quelques verbes à la conjugaison délicate

✔ **Passé antérieur :** *je fus venu(e), tu fus venu(e), il/elle fut venu(e), nous fûmes venu(e)s, vous fûtes venu(e)s, ils/elles furent venu(e)s.*

Conditionnel

✔ **Présent :** *je viendrais, tu viendrais, il/elle viendrait, nous viendrions, vous viendriez, ils/elles viendraient.*

✔ **Passé (1re forme) :** *je serais venu(e), tu serais venu(e), il/elle serait venu(e), nous serions venu(e)s, vous seriez venu(e)s, ils/elles seraient venu(e)s.*

Subjonctif

✔ **Présent :** *que je vienne, que tu viennes, qu'il/elle vienne, que nous venions, que vous veniez, qu'ils/elles viennent.*

✔ **Imparfait :** *que je vinsse, que tu vinsses, qu'il/elle vînt, que nous vinssions, que vous vinssiez, qu'ils/elles vinssent.*

✔ **Passé :** *que je sois venu(e), que tu sois venu(e), qu'il/elle soit venu(e), que nous soyons venu(e)s, que vous soyez venu(e)s, qu'ils/elles soient venu(e)s.*

✔ **Plus-que-parfait :** *que je fusse venu(e), que tu fusses venu(e), qu'il/elle fût venu(e), que nous fussions venu(e)s, que vous fussiez venu(e)s, qu'ils/elles fussent venu(e)s.*

Impératif

✔ **Présent :** *viens, venons, venez.*

✔ **Passé :** *sois venu(e), soyons venu(e)s, soyez venu(e)s.*

VIVRE

Indicatif

✔ **Présent :** *je vis, tu vis, il/elle vit, nous vivons, vous vivez, ils/elles vivent.*

✔ **Futur :** *je vivrai, tu vivras, il/elle vivra, nous vivrons, vous vivrez, ils/elles vivront.*

✔ **Imparfait :** *je vivais, tu vivais, il/elle vivait, nous vivions, vous viviez, ils/elles vivaient.*

✔ **Passé simple :** *je vécus, tu vécus, il/elle vécut, nous vécûmes, vous vécûtes, ils/elles vécurent.*

- **Passé composé :** *j'ai vécu, tu as vécu, il/elle a vécu, nous avons vécu, vous avez vécu, ils/elles ont vécu.*
- **Futur antérieur :** *j'aurai vécu, tu auras vécu, il/elle aura vécu, nous aurons vécu, vous aurez vécu, ils/elles auront vécu.*
- **Plus-que-parfait :** *j'avais vécu, tu avais vécu, il/elle avait vécu, nous avions vécu, vous aviez vécu, ils/elles avaient vécu.*
- **Passé antérieur :** *j'eus vécu, tu eus vécu, il/elle eut vécu, nous eûmes vécu, vous eûtes vécu, ils/elles eurent vécu.*

Conditionnel

- **Présent :** *je vivrais, tu vivrais, il/elle vivrait, nous vivrions, vous vivriez, ils/elles vivraient.*
- **Passé (1re forme) :** *j'aurais vécu, tu aurais vécu, il/elle aurait vécu, nous aurions vécu, vous auriez vécu, ils/elles auraient vécu.*

Subjonctif

- **Présent :** *que je vive, que tu vives, qu'il/elle vive, que nous vivions, que vous viviez, qu'ils/elles vivent.*
- **Imparfait :** *que je vécusse, que tu vécusses, qu'il/elle vécût, que nous vécussions, que vous vécussiez, qu'ils/elles vécussent.*
- **Passé :** *que j'aie vécu, que tu aies vécu, qu'il/elle ait vécu, que nous ayons vécu, que vous ayez vécu, qu'ils/elles aient vécu.*
- **Plus-que-parfait :** *que j'eusse vécu, qu'il/elle eût vécu, que nous eussions vécu, que vous eussiez vécu, qu'ils/elles eussent vécu.*

Impératif

- **Présent :** *vis, vivons, vivez.*
- **Passé :** *aie vécu, ayons vécu, ayez vécu.*

# Quatrième partie
La ponctuation ou le chant du signe…

Quand vous parlez, que vous vous exprimez à l'oral, vous utilisez une grammaire et un vocabulaire certes, mais vous savez aussi les rendre plus expressifs par le ton que vous y mettez. Et l'expressivité est si importante, qu'un même mot peut vexer ou faire rire selon le ton employé pour le dire. Dans sa pièce de théâtre *Pour un oui pour un non*, Nathalie Sarraute explore ainsi le fossé qui se creuse entre deux amis après que l'un a dit à l'autre « *C'est bien, ça* », et que l'autre a cru déceler dans la pause (matérialisée à l'écrit par une virgule) un ton condescendant...

Oui, mais à l'écrit, comment rendez-vous cette intonation ? Et même, comment rendez-vous compte des pauses et des insistances que vous voulez instaurer entre ou sur certains mots, certaines phrases ? La réponse est : la ponctuation. Si vous maîtrisez la ponctuation, vous maîtrisez l'expressivité de votre écriture, et la transmission du message que vous désirez faire passer. La preuve : un choix de ponctuation peut changer la phrase du tout au tout :

Le maître dit : « L'élève est un âne ! »

« Le maître, dit l'élève, est un âne... »

ou encore :

Et si on mangeait les enfants ?

Et si on mangeait, les enfants ?

La ponctuation, c'est important...

Chapitre 19
Le chant des signes

Dans ce chapitre :
- Repérez les 10 signes de la ponctuation courante
- Sachez les utiliser à bon escient

Les variations de hauteur de voix, les pauses, les insistances sont marquées par les signes de ponctuation. Il y en a 10 :

- la virgule ,
- le point-virgule ;
- les deux points :
- le point .
- le point d'exclamation !
- le point d'interrogation ?
- les points de suspension …
- les tirets – … –
- les parenthèses (…)
- les guillemets « … »

La virgule ,

C'est celle que vous connaissez le mieux ! La virgule est la première des pauses, la plus douce, celle de la respiration. Elle joue le rôle de séparateur à l'intérieur de la phrase.

À l'intérieur d'un texte

La virgule vous permet de mettre en évidence la relation logique entre deux phrases (qui deviennent alors des propositions), tout en évitant la mention d'une conjonction de coordination ou de subordination. Cela vous offre la double possibilité à la fois d'alléger le texte et, parfois, de jouer avec l'implicite. *Tu touches à mes affaires, je t'en colle une !* (Si tu touches à mes affaires...) *Je lui demande de se taire, il boude.* (... et, conséquence, il boude).

À l'intérieur d'une phrase

La virgule vous permet de séparer des propositions tout en les laissant dans l'espace de la même phrase : cette succession est mimétique de la succession des actions dont il est question, et l'effet est celui de la rapidité. « *Va, cours, vole, et nous venge !* » (*Le Cid*, Corneille)

La virgule vous permet encore d'énumérer des mots de même nature et de même fonction. « *Une pierre, deux maisons, trois ruines, quatre fossoyeurs, un jardin, des fleurs, un raton laveur* » (« Inventaire », Jacques Prévert). Le dernier terme est alors séparé du reste de la phrase par la conjonction de coordination *et* : « *Un frigidaire, un joli scooter, un atomixer et du Dunlopillo...* » (« La Complainte du progrès », Boris Vian)

La virgule est aussi une manière de donner de l'importance à un mot, que vous détachez ainsi du reste de la phrase : *Je restai là, sans bouger.* Ce mot est alors mis en apposition. Quand il s'agit d'un adjectif, on parle d'épithète détachée : *Je restai là, immobile.*

Le point-virgule ;

Celui-là, avouez-le, vous l'utilisez beaucoup moins... Peut-être est-ce dû à sa nuance indécise ? Car avec le point-virgule, on est encore dans la douceur de la virgule, même si on penche déjà du côté final du point. C'est en quelque sorte une virgule renforcée, et un point atténué. Les propositions qu'il sépare ont en général une relation logique entre elles. *Il lisait beaucoup ; il voulait absolument acquérir du vocabulaire.*

(la deuxième proposition exprime une cause par rapport à la première).

Les deux points :

Vous connaissez ce signe ! Pour autant, connaissez-vous son utilité ? Les deux points possèdent en fait trois types d'usages.

Énumérer

Vous pouvez utiliser les deux points pour annoncer une énumération, qui précise les éléments composant un ensemble. « *Mais il semblait avoir été écrit par un homme qui n'avait quasiment jamais lu une ligne de tout ce que la Grande Guerre avait produit, romans ou poèmes, dans la littérature anglaise : ni Owen, ni Rosenberg, ni Sassoon, ni Graves, ni Manning…* » (*L'Arbre*, John Fowles)

Expliquer

Les deux points peuvent aussi vous servir à introduire une partie explicative après une affirmation, pour la préciser, détailler, ou développer. « *Le jardin de derrière était minuscule : trois ou quatre acres, tout au plus.* » (*L'Arbre*, John Fowles)

Rapporter

Vous pouvez enfin utiliser les deux points dans un récit pour rapporter un discours : « *Minuit* », dis-tu. (*Feu pâle*, Vladimir Nabokov) Elle s'exclama : « Je ne veux pas ! »

Le point .

Voilà peut-être le signe qui vous est le plus familier ! Le point est la pause la plus marquée : à l'oral, elle correspond à la baisse du ton et à un silence. Le point marque la fin d'une

phrase déclarative, et précède une autre phrase que vous devez alors commencer par une majuscule. Il est l'indice que vous changez de sujet ou d'idée dans la phrase suivante.
« *Et la brise remuait les pampres de la tonnelle, les orges mûrs se balançaient par intervalles, un merle sifflait. En portant des regards autour d'eux, ils savouraient cette tranquillité.* » (*Bouvard et Pécuchet*, Gustave Flaubert)

Parfois même, si le changement de thème doit être marqué, après avoir mis ce point vous allez à la ligne pour commencer un nouveau paragraphe : « *Mais, quand d'un passé ancien rien ne subsiste, après la mort des êtres, après la destruction des choses, seules, plus frêles mais plus vivaces, plus immatérielles, plus persistantes, plus fidèles, l'odeur et la saveur restent encore longtemps, comme des âmes, à se rappeler, à attendre, à espérer, sur la ruine de tout le reste, à porter sans fléchir, sur leur gouttelette presque impalpable, l'édifice immense du souvenir.*
Et dès que j'eus reconnu le goût du morceau de madeleine trempé dans le tilleul que me donnait ma tante... » (*Du côté de chez Swann*, in *À la recherche du temps perdu*, Marcel Proust)

Le point d'exclamation !

Vous utilisez le point d'exclamation pour marquer la fin d'une phrase exclamative ou injonctive. Vous exprimez ainsi :

- la colère : *C'est à cette heure-ci que tu rentres !* ;
- l'étonnement : *Mais quelle surprise ! « Ma fille, mariée ! »* (*Les Fourberies de Scapin*, Molière) ;
- la tristesse : « *O vraiment marâtre Nature, puisqu'une telle fleur ne dure que du matin jusques au soir !* » (*Odes*, Pierre de Ronsard) ;
- le souhait : *Puisses-tu être là quand je viendrai te voir !* ;
- le regret : « *Ô toi que j'eusse aimée, ô toi qui le savais !* » (« À une passante », Charles Baudelaire) ;
- la joie : *Vive les vacances !* ;
- etc.

Le point d'interrogation ?

Vous marquez ainsi la fin d'une question. Attention : il n'est utilisé que pour les interrogatives directes.

« Dis, quand reviendras-tu ? » (Barbara) *« Contre vents et marées. Pourquoi contre ? »* (Terre, nom féminin singulier, Guy Baunée)

Quand vous posez une question directe, elle réclame un point d'interrogation, voire une inversion du sujet.

Où vas-tu ? Comment tu t'appelles ?

Mais en revanche, quand la question est indirecte – c'est-à-dire quand elle est présentée par une proposition dite principale – elle ne comporte ni point d'interrogation, ni sujet inversé.

Je te demande où tu vas. Elle veut savoir comment tu t'appelles.

Les points de suspension ...

Vous utilisez les points de suspension pour marquer la fin d'une phrase qui n'est pas finie ! Un paradoxe en trois points (ha, ha !)...

Pour l'énumération

Lorsqu'une énumération est nécessaire, il arrive qu'elle soit trop longue pour être exhaustive. Vous pouvez alors vous servir des points de suspension, et même clore le tout par « **etc.** », abréviation de **et cætera** (il s'agit d'une locution adverbiale, du latin médiéval **et cetera desunt**, qui signifie « et les autres choses manquent » que l'on utilise pour signifier que l'énumération n'est pas finie). *Il prit un sac, et y fourra tout le nécessaire : deux chemises, un pantalon, un chapeau, des chaussettes, des lunettes de soleil, du papier, un stylo, un livre, etc.* (Cet « **etc.** » est cependant à éviter dans une copie d'examen ou de concours : si on a quelque chose à dire, on le dit ou on l'écrit).

Pour l'implicite

Vous utilisez aussi les points de suspension quand vous sous-entendez une suite, une conclusion, une remarque compréhensibles pour celui qui vous lit ou vous écoute sans qu'il vous soit nécessaire de les formuler explicitement. *Tu aurais vu sa tête… Vous imaginez bien que je ne me suis pas laissé faire…*

Pour le dialogue

Mais les points de suspension ont aussi un autre usage, plus spécifique : dans un dialogue, et notamment au théâtre, ils signifient que celui qui parle est interrompu par un autre.

« *Scapin. – C'a été une témérité bien grande à moi, que les coups de bâton que je…*

Géronte. – Laissons cela.

Scapin. – J'ai en mourant, une douleur inconcevable des coups de bâton que je…

Géronte. – Mon Dieu ! tais-toi.

Scapin. – Les malheureux coups de bâton que je vous…

Géronte. – Tais-toi, te dis-je, j'oublie tout. » (*Les Fourberies de Scapin*, Molière)

Il peut également être interrompu parce qu'il hésite :

« *Scapin. – Monsieur…*

Géronte. – Quoi ?

Scapin. – Monsieur, votre fils…

Géronte. – Hé bien ! Mon fils… » (*Les Fourberies de Scapin*, Molière)

Les tirets – … –

Savez-vous les utiliser ? Les tirets ont en effet plusieurs usages.

Chapitre 19 : Le chant des signes

Pour segmenter

Les tirets peuvent jouer un rôle similaire à celui des parenthèses, en encadrant un segment de phrase pour expliciter une déclaration. « *Elles passaient entre les deux cordes – les cerfs renversant l'encolure pour ne pas accrocher la plus haute – toutes lancées aveuglément sur les traces du vieux chef de file, comme si son passage eût ouvert en avant d'elles un gouffre qui les eût aspirées.* » (*La Dernière harde*, Maurice Genevoix)

Pour dialoguer

Les tirets sont utilisés pour introduire un dialogue dans un texte narratif.

– *Et au lycée ?*
– *J'ai eu un zéro en math.*
Ma mère réfléchit.
– *Ils ne te comprennent pas, dit-elle.* (*La Promesse de l'aube*, Romain Gary)

Les parenthèses (...)

Vous le savez, les parenthèses permettent de donner des informations supplémentaires au lecteur, sans que celles-ci soient essentielles. Parce qu'elles introduisent une rupture dans la phrase, il vous est recommandé de ne pas les multiplier, ni de les faire trop longues. « *Léo était un de nos domestiques (naturellement des volontaires comme nous), il aidait à porter les bagages et était souvent chargé du service personnel de l'orateur.* » (*Le Voyage en Orient*, Hermann Hesse)

Les guillemets « ... »

Les guillemets vont toujours par paire. Vous les ouvrez, puis vous les fermez. Ils vous servent à encadrer un groupe de mots qui appartiennent à quelqu'un d'autre qu'à celui qui s'exprime : citation ou paroles rapportées.

La citation

On trouve les guillemets au cœur d'un texte, souvent après deux points : *Ainsi peut-on s'exclamer, à l'instar de Jean-Jacques Rousseau :* « *J'espère, car l'espérance adoucit tout.* »

Quand la citation est trop longue, ou que vous ne voulez en prendre qu'une partie au début et à la fin, vous en remplacez la partie tronquée par trois points de suspension, que vous encadrez de crochets : *Puisque Flaubert souhaitait créer avec* L'Éducation sentimentale *un* « *livre sur rien* »*, on pourrait s'amuser à résumer le roman à ces deux phrases :* « *Ce fut comme une apparition [...] Et ce fut tout.* »

Les paroles rapportées

Les guillemets servent aussi à rapporter un dialogue :
« *"Que font-ils du corps", repris-je, dans la même exaltation. Elle hésita, la voix aiguë jaillit et se brisa net, sa bouche était sèche ; et dans un souffle, baissant enfin les yeux : "Je crois qu'ils le donnent aux chiens."* » (*La Grande Beune*, Pierre Michon)

Chapitre 20
Quelques règles typographiques

Dans ce chapitre :
▶ Respectez les espaces
▶ Placez les majuscules
▶ (et inversement...)

À l'écrit, quelques règles existent qu'il est important que vous respectiez quand vous utilisez la ponctuation – c'est-à-dire tout le temps ! C'est dire si elles sont nécessaires...

La virgule

Sachez-le, avant la virgule, il n'y a pas d'espace. Mais après, on laisse un espace. Le mot qui suit une virgule ne commence pas par une majuscule (sauf si c'est un nom propre, bien sûr !).

« L'aventure commença par une mission des plus banales, la routine, le quotidien, l'ordinaire. » (*La Nuit des temps*, René Barjavel)

Le point-virgule

Avant un point-virgule, il y a un espace, et après aussi. Le mot qui suit un point-virgule ne commence pas par une majuscule.

« Ils vivent, disait-il, à côté de tout, sans rien voir et rien pénétrer ; à côté de la science qu'ils ignorent ; à côté de la nature qu'ils ne savent pas regarder ; à côté du bonheur, car ils sont impuissants à jouir ardemment de rien ; à côté de la beauté du monde ou de la beauté de l'art, dont ils parlent sans l'avoir découverte, et même sans y croire, car ils ignorent l'ivresse de goûter aux joies de la vie et de l'intelligence. » (*Fort comme la mort*, Guy de Maupassant)

Les deux points

Avant deux points, vous devez laisser un espace, et après aussi. Le mot qui suit deux points ne commence pas par une majuscule, sauf si ces deux points présentent une citation (qui est vue alors comme une phrase à part entière).

« Ils y avaient froid mais ils n'avaient pas faim : poissons, crabes, sarcelles et vanneaux ne manquaient pas. » (*999 à l'aube de rien du tout*, Claude Daubercies)

« Il nous crie : "Qui veut vivre un peu plus est condamné à l'espoir !" » (*ibid.*)

Le point

Le point n'est pas précédé d'un espace, mais il est suivi d'un espace. Le mot qui suit un point commence toujours par une majuscule.

« Colin reposa le peigne et, s'armant du coupe-ongles, tailla en biseau le coin de ses paupières mates, pour donner du mystère à son regard. Il devait recommencer souvent, car elles repoussaient vite. » (*L'Écume des jours*, Boris Vian)

Le point d'exclamation

Vous devez faire précéder le point d'exclamation d'un espace, et le faire suivre d'un espace également. Le mot qui vient après un point d'exclamation commence par une majuscule, sauf s'il s'agit d'un verbe introducteur dans un dialogue.

– Si l'une de tes filles était un cheval et l'autre un joueur de base-ball, tu serais aux petits soins pour elles.

– « *Si l'une était un cheval et l'autre un joueur de baseball, nous serions dans une meilleure situation ! Elles nous rapporteraient de l'argent !* » (*La Conjuration des imbéciles*, John Kennedy Toole)

– *Eh là ! s'écria le policier.*

– « *Prends ça ! cria Ignatius, remarquant qu'un cercle de badauds et chalands intéressés avait commencé à se former.* » (*op. cit.*)

Le point d'interrogation

Le point d'interrogation est précédé d'un espace et suivi d'un espace. Le mot qui suit un point d'interrogation commence toujours par une majuscule, sauf s'il s'agit d'un verbe introducteur dans un dialogue.

« *Quelle était cette odeur ? se demanda-t-il. Les pleurs féminins. La pièce était saturée de l'odeur humide des femmes tristes.* » (*La Caverne des idées*, José Carlos Somoza)

« *Allait-il se déclarer innocent ? Coupable ? Cachait-il un terrible secret qu'il pensait révéler à la fin ?* » (*ibid.*)

Les points de suspension

Avant trois points de suspension, ne laissez pas d'espace, mais après si. Le problème que vous vous posez ensuite est : quand les faire suivre d'une majuscule ? Trois points de suspension sont suivis d'un mot commençant par une majuscule s'il s'agit d'une nouvelle phrase. Si la phrase initiale se poursuit, et que les points de suspension veulent signifier une interruption avant une reprise, le mot qui suit ne commence pas par une majuscule.

« *Ils observent avec une inquiétude cachée chacun de ses gestes… Voici que l'un d'eux s'approche de lui et lui présente un bol d'or contenant de l'eau où flottent des pétales de rose…* » (*Enfance*, Nathalie Sarraute)

« *Mais quelle mine superbe, mais comme tu as grandi… et quel joli manteau tu as… tourne-toi, qu'on te regarde.* » (*ibid.*)

Bibliographie

*P*arce que le meilleur conseil à vous donner pour maîtriser la grammaire est de lire, lire et encore lire, voici les ouvrages que j'ai consultés et quelques-uns que j'ai assez aimés pour avoir envie de les citer en exemples au fil du texte !

Ouvrages consultés

Arrivé Michel, Gadet Françoise, Galmiche Michel, **La Grammaire d'aujourd'hui,** Flammarion, 1986.

Art de conjuguer (L'), Dictionnaire de 12 000 verbes, Hatier, coll. Bescherelle, 1980.

Art de l'orthographe (L') - les homonymies, les mots difficiles, Hatier, coll. Bescherelle, 1980.

Dictionnaire Latin Français, Gaffiot, 1986.

Grammaire pour tous (La), Hatier, coll. Bescherelle, 1980.

Grevisse Maurice, **Le Bon Usage**, Duculot, 1986.

Guilleron Gilles, **Écrire pour les Nuls**, First éditions, 2012.

Julaud Jean-Joseph, **Français correct pour les Nuls (Le)**, First éditions, 2003.

Le Robert : dictionnaire historique de la langue française en 3 vol., sous la dir. d'Alain Rey, 1998.

Lexique des règles typographiques en usage à l'Imprimerie nationale, Imprimerie nationale, 1990.

Pellat J.-C., Riegel M., Rioul R., **Grammaire méthodique du français**, PUF, 2002.

Walter Henriette, **L'Aventure des langues en Occident**, Robert Laffont, 1994.

Ouvrages cités

(Anonyme), **Ah ! Matsushima, l'art poétique du haïku**, poèmes traduits du japonais par Chen Wing fun & Hervé Collet, Moundarren 2001.

Ajar Émile (Romain Gary), **Gros-câlin**, Gallimard, coll. Folio, 2005.

Barbara, **Ma plus belle histoire d'amour l'œuvre intégrale**, l'Archipel, 2000.

Barjavel René, **La Nuit des temps**, Presses Pocket, 1986.

Baudelaire Charles, **Les Fleurs du Mal**, Gallimard, coll. Pléiade, 1975.

Baunée Guy, **Terre, nom féminin singulier**, ko.an, 1996.

Bodelet Gaëlle, **Itinéraire du détour - Oiseaux**, Le Poémier de plein vent, 2001.

Buzzati Dino, **Le K**, Laffont Pocket, 1992.

Camus Albert, **L'Étranger**, Gallimard, 1942.

Châteaureynaud Georges-Olivier, **Le Fou dans la chaloupe**, in **Nouvelles 1972-1988**, Julliard, 1993.

Corneille, **Le Cid**, Hachette, coll. Bibliocollège, 1999.

Daubercies Claude, **999 à l'aube de rien du tout**, Le Seuil, 2003.

Daubercies Claude, **L'Almanach de Georgette**, Le Seuil, 2003.

Delamain Jacques, **Pourquoi les oiseaux chantent**, Librairie Stock, 1928.

Flaubert Gustave, **Bouvard et Pécuchet**, Folio Classique, 1998.

Fowles John, **L'Arbre**, Éditions des Deux Terres, 2003.

Gary Romain, **La Promesse de l'aube**, Folio Gallimard, 2003.

Genevoix Maurice, **La Dernière harde**, Flammarion, 1942.

Gevers Marie, **Plaisir des météores**, Librairie Stock, 1942.

Gide André, **Les Faux-monnayeurs**, Folio, 1990.

Hesse Hermann, *Le Voyage en Orient*, Le Livre de poche, 2002.

Hugo Victor, *Les Châtiments*, Le Livre de poche, 2009.

Hugo Victor, *Les Contemplations*, Le Livre de poche, 1997.

Martignon Andrée, *Un promeneur à pied*, Librairie Stock, 1929.

Maupassant Guy (de), *Fort comme la mort*, Le Livre de poche classique, 1989.

Michon Pierre, *La Grande Beune*, Verdier, 1995.

Molière, *L'Avare*, Classiques Larousse, 1971.

Molière, *Les Fourberies de Scapin*, Belin - Gallimard, 2013.

Nabokov Vladimir, *Feu pâle*, L'Imaginaire Gallimard, 1981.

Prévert Jacques, *Paroles*, Éditions du Point du jour, 1947.

Proust Marcel, *À la recherche du temps perdu*, Gallimard Folio, 1988.

Rimbaud Arthur, *Les Illuminations*, Poésie/Gallimard, 2010.

Ronsard Pierre (de), *Odes*, La Pléiade, 1994.

Sarraute Nathalie, *Enfance*, Folio, 1990.

Sarraute Nathalie, *Pour un oui ou pour un non*, Gallimard, 2006.

Sévigné Madame (de), *Lettres choisies*, Folio classiques, 2003.

Somoza José Carlos, *La Caverne des idées*, Babel, 2003.

Toole John Kennedy, *La Conjuration des imbéciles*, 10/18, 2008.

Vercors, *Le Silence de la mer*, Les Éditions de minuit, 1945.

Vian Boris, *L'Écume des jours*, Le Livre de poche, 2002.

Vian Boris, *Textes et chansons*, 10/18, 1997.

Zola Émile, *L'Assommoir*, Le Livre de poche, 1971.

Zweig Stefan, *Le Joueur d'échecs*, Le Livre de poche, 2000.

Index

A
accent, 106
　circonflexe, 91, 106, 109, 145
accord
　de l'adjectif, 10
　des noms composés, 21
　du participe passé, 86
　　avec l'auxiliaire avoir, 86
　　avec l'auxiliaire *être, 86*
　du verbe, 20
acheter, 133
acquérir, 134
adjectif, 36
　non qualificatif, 22, 29
　　démonstratif, 10, 30
　　exclamatif, 10, 30
　　indéfini, 10, 30
　　interrogatif, 10, 30
　　numéral, 10, 30
　　possessif, 10, 30
　　relatif, 10, 30
　qualificatif, 9-18
　　accord en genre, 10
　　accord en nombre, 11
　　attribut, 15
　　de couleur 11
　　degré d'intensité, 12
　　degré de comparaison, 13
　　épithète, 14
　　place de l', 12
　verbal, 84
adverbe, 8, 13, 22, 23, 28, 31, 35-37, 39, 40, 56, 60, 64, 65, 94
aimer, 114
aller, 116
antécédent, 39, 44, 64
appeler, 136
apposition, 24, 63
article, 22, 31
　défini, 30
　　contracté, 30
　indéfini, 30
　partitif, 30
asseoir, 137
attribut, 26, 59
　du COD, 16, 27, 59
　du complément, 26
　du sujet, 15, 26, 59
auxiliaires, 70, 75, 86, 111
avoir, 34, 70, 112

C
comparatif
　d'égalité, 13
　d'infériorité, 13
　de supériorité, 13
complément
　circonstanciel, 27, 39, 40, 55, 85
　　d'accompagnement, 28
　　de but, 28
　　de cause, 28
　　de condition, 28, 85
　　de conséquence, 28
　　de lieu, 28
　　de manière, 28
　　de moyen, 28
　　de temps, 27
　d'objet direct (COD), 15, 16, 25, 31, 33, 44, 45, 51, 59, 74, 76, 78, 79, 83, 86, 101
　d'objet indirect (COI), 15, 25, 26, 33, 44, 45, 52, 78, 79, 101
　d'objet second (COS), 25, 26, 53, 78
　d'agent, 27, 56, 57, 74, 75, 77
　de l'adjectif, 65
　de l'antécédent, 44
　du nom, 21, 24, 64, 65
conclure, 139
concordance des temps, 129-132
　antériorité, 129, 130
　　verbe principal au futur, 131
　　verbe principal au passé, 131
　　verbe principal au présent, 130
　postériorité, 129, 131
　　verbe principal au futur, 131
　　verbe principal au passé, 131
　　verbe principal au présent, 131

simultanéité, 129, 130
    verbe principal au futur, 130
    verbe principal au passé, 130
    verbe principal au présent, 130
conditionnel, 82, 94
    passé, 82, 95, 112-127, 132-160
    passé 2ᵉ forme, 82, 95
    présent, 82, 94, 112-127, 132-160
conjonctions, 37
    de coordination, 38, 39, 164
    de subordination, 38, 39, 44, 45, 65, 164
conjugaison, 67-128, 133-160
coudre, 40
courir, 109, 141
créer, 143
croire, 144
cueillir, 145

D

désinence, 69
déterminant, 10, 22
deux points, 165, 172
    énumérer, 165
    expliquer, 165
    rapporter, 165
dire, 118

E

épithète, 14, 60, 86
    détachée, 60, 64, 164
    du COD, 16
    liée, 15, 60
espaces, 171-174
être, 15, 70, 111

F

faire, 119
finir, 115
fonction, 40, 47-66
    apposition, 63
    attribut, 59
    COD, 51
    COI, 52
    complément circonstanciel, 55
    complément d'agent, 56
    complément de l'adjectif, 65
    complément du nom, 64
    COS, 53
    de l'adjectif, 14, 32
    du nom, 23
    épithète, 60
    sujet, 49

fort, 37
futur
    antérieur, 81, 93, 112-127, 132-160
    proche, 82
    simple, 81, 90, 111-127, 132-160

G

genre, 20
gérondif, 56, 85
groupe, 70
    1ᵉʳ 70, 114
    2ᵉ, 70, 115
    3ᵉ, 70, 116
    adverbial, 17
    nominal, 13, 55
    pronominal, 55
guillemets, 169
    citation, 170
    paroles rapportées, 170

H

haïr, 147
haut, 36
homonymes, 105

I

imparfait
    de l'indicatif, 81, 90, 112-127, 132-160
    du subjonctif, 83, 97, 112-127, 132-160
impératif, 82, 83, 100
    passé, 83, 100, 112-127, 132-160
    présent, 83, 100, 112-127, 132-160
indicatif, 81, 89
    futur antérieur, 81, 93, 112-127, 132-160
    futur simple, 81, 90, 111-127, 132-160
    imparfait, 81, 90, 112-127, 132-160
    passé antérieur, 81, 93, 112-127, 132-160
    passé composé, 81, 92, 112-127, 132-160
    passé simple, 81, 90, 112-127, 132-160
    plus-que parfait, 81, 92, 112-127, 132-160
    présent, 81, 89, 111, 112-127, 132-160
infinitif, 34, 101
    passé, 84, 100
    présent, 84, 100
interjections, 40
interrogation, 81

J

jeter, 148

L

lire, 149
locution, 16, 31
  adverbiale, 28, 35, 167
  prépositive, 34

M

majuscules, 171-174
mettre, 150
modes, 81-88
  conditionnel, 82
  impératif, 83
  indicatif, 81
  infinitif, 83
  subjonctif, 82
mots invariables, 33
mourir, 109, 152, 154

N

naître, 153, 154
nature, 7-46
ne explétif, 99
nom(s), 19-27, 49, 56
  apposition, 24
  attribut, 26
  CC (Complément circonstanciel), 27
  COD (Complément d'objet direct), 25
  COI (Complément d'objet indirect), 25
  complément d'agent, 27
  complément du nom, 24
  composés, 21
  COS (Complément d'objet second), 26
  pluriel des, 20
  propre, 13, 56
  sujet, 24
nombre, 20

O

on, 77
onomatopées, 41

P

parenthèses, 169
participe, 102
  passé, 78, 86, 102
  présent, 84, 102
passé
  antérieur, 81, 93, 112-127, 132-160
  composé, 81, 92, 112-127, 132-160
  infinitif, 84, 100
  participe, 78, 86, 102

simple, 81, 90, 112-127, 132-160
  subjonctif, 83, 98, 112-127, 132-160
passif, 126
peindre, 154
phrase, 19, 31
pluriel
  des adjectifs, 11
  des noms composés, 21
  des noms en – ail, 20
  des noms en – al, 20
  des noms en – au, 20
  des noms en – eau, 20
  des noms en – eu, 20
  des noms en – œu, 20
  des noms en – ou, 20
  terminés par –s, –x, –z, 21
plus-que-parfait
  de l'indicatif, 81, 92, 112-127, 132-160
  du subjonctif, 83, 99, 112-127, 132-160
point, 165, 172
point d'exclamation, 166, 172
point d'interrogation, 167, 173
point-virgule, 164, 171
points de suspension, 167, 173
  pour l'énumération, 167
  pour l'implicite, 168
  pour le dialogue, 168
ponctuation, 161-174
pouvoir, 120
prendre, 121
prépositions 21, 26, 33
présent
  conditionnel, 82, 94, 112-127, 132-160
  impératif, 83, 100, 112-127, 132-160
  indicatif, 81, 89, 111, 112-127, 132-160
  infinitif, 84, 100
  participe, 84, 102
  subjonctif, 83, 96, 112-127, 132-160
pronoms, 17, 22
  démonstratifs, 23
  en, 23
  indéfinis, 23, 51
  interrogatifs, 23, 39, 51
  personnels, 16, 23, 51, 100
  possessifs, 23, 52
  réfléchis, 23, 79
  relatifs, 23, 39
  y, 23
propositions
  principales, 44
  subordonnées, 13, 44-46
    complétives, 17, 52
    conjonctives, 39, 44

infinitives, 44, 46, 52
interrogatives indirectes, 45, 52
participiales, 44, 46, 84
relatives, 39, 44, 64, 65
proverbes, 31

Q
que, 39

R
radical, 69, 94, 96
règles typographiques, 171-174
résoudre, 156

S
savoir, 122
se, 79
subjonctif, 82, 96
  imparfait, 83, 97, 112-127, 132-160
  passé, 83, 98, 112-127, 132-160
  plus-que-parfait, 83, 99, 112-127, 132-160
  présent, 83, 96, 112-127, 132-160
subordonnant, 38, 44, 46
sujet, 16, 24, 49
superlatif
  absolu, 14
  d'infériorité, 14
  de supériorité, 14
  relatif, 14

T
temps, 89-104
  composés, 81
  simples, 81
tirets, 168
  pour dialoguer, 169
  pour segmenter, 169
tout, 37

V
vaincre, 157
venir, 158
verbes, 8, 15, 16, 19, 20, 22, 25, 31, 37, 43, 46, 49, 55, 105-110, 129-132, 133-160
  d'état, 15, 26, 27
  défectifs, 71, 109
  du 1er groupe, 70, 114
  du 2e groupe, 70, 115
  du 3e groupe, 70, 116
  en – aître, 105
  en – ayer, 107
  en – dre, 108
  en – eler, 108
  en – eter, 108
  en – eyer, 106
  en – oître, 105
  en – oyer, 107
  en – uyer, 107
  intransitifs, 25
  pronominaux, 76
    de sens passif, 77
    de sens réciproque, 76
    de sens réfléchi, 76
    essentiellement pronominaux, 76
  transitifs, 25
virgule, 171
  à l'intérieur d'un texte, 164
  à l'intérieur d'une phrase, 164
vivre, 159
voir, 123
voix
  active, 73, 74, 75, 77
  passive, 74, 75, 77
  pronominale, 76, 77
vouloir, 124